Das Reichsgesetz über die durch innere Unruhen verursachten Schäden

vom 12. Mai 1920

Textausgabe

mit Einleitung, Anmerkungen, Ausführungs-bestimmungen und Sachregister

von

Dr. Reinhart Geigel,

Rechtsanwalt in München

1921

München, Berlin, Leipzig

J. Schweitzer Verlag (Arthur Sellier)

Druck von Dr. F. P. Datterer & Cie., München-Freising.

Inhaltsverzeichnis.

Materialien

zum Gesetz über die durch innere Unruhen verursachten Schäden:

Stenographische Berichte über die Verhandlungen der Deutschen Nationalversammlung Seite 2756 bis 2784 und Seite 5614—5623.

Drucksache Nr. 643 der Nationalversammlung 1919: Entwurf zum Gesetze.

Drucksache Nr. 2752 Bericht des 21. Ausschusses der Nationalversammlung über die erste und zweite Lesung des Gesetzentwurfs im Ausschuß.

Rechtsprechung.

Entscheidungen höherer Gerichte über die Anwendbarkeit der bisherigen Landes-Tumultschädengesetze auf die Revolutionsschäden in der Zeit vom 7. November 1918 bis zum Inkrafttreten des gegenwärtigen Gesetzes:

Urteil des Reichsgerichts vom 22. Dez. 1919 in RGZ. Bd. 98 S. 3,

Urteil des Kammergerichts vom 20. Okt. 1919 in JW. 1920 S. 57,

Urteil des Kammergerichts vom 7. Jan. 1920 in JW. 1920 S. 392,

Urteil des Reichsgerichts in Strafsachen vom 4. April 1919 in JW. 1919 S. 733,

Urteil des Reichsgerichts vom 1. März 1920 in RGZ. Bd. 98 S. 203,

Urteil des Oberlandesgerichts Posen vom 19. Dez. 1919 in JW. 1920 S. 661,

Urteil des Reichsgerichts vom 31. März 1920 in RGZ. Bd. 99 S. 3.

Schrifttum.

Preußisches Tumultschädengesetz mit Erläuterungen von Dr. Liebrecht, Berlin, Vahlen 1919;

Preußisches Tumultschädengesetz mit Anmerkungen von Dr. Friedländer, Berlin, Guttentag 1919;

Bayerisches Tumultschädengesetz, Kommentar von Zink in Dollmanns Gesetzgebung des Königreichs Bayern, Erlangen, Palm & Enke 1863;

Die deutschen Tumultgesetze (mit besonderer Berücksichtigung des badischen Gesetzes) von Dr. Moericke, Berlin und Leipzig, Dr. Rothschild 1910;

Die Haftung der Gemeinden für Tumultschäden in Preußen von Dr. Frederich, Ostpreuß. Verlagsanstalt in Königsberg 1920;

Aufsätze in der Juristischen Wochenschrift 1919 S. 137, 364;

Aufsätze in der Deutschen Juristenzeitung 1919 S. 8, 143, 711;

Aufsatz in der Zeitschrift für Rechtspflege in Bayern 1919 S. 125;

Dr. Richter, Reichs-Tumultschadens-Gesetz, Mannheim, Bensheimer 1920.

Einleitung.

Das Reichsgesetz über die durch innere Unruhen verursachten Schäden ist ein Kind der Revolution und ein Spiegelbild der Verworrenheit und Unzulänglichkeit, die seit der Revolution im Deutschen Reiche herrschen. Es ist ein Kompromiß zwischen der Reichsregierung und den Parteien der Nationalversammlung und ein Mittelweg für die auseinandergehenden Interessen des Reiches, der Gemeinden und der Aufruhrgeschädigten.

Die Aufruhrgeschädigten hatten den begreiflichen Wunsch, für ihren gesamten Schaden von irgend einer Seite — sei es vom Reich oder vom Land oder von der Gemeinde — Ersatz zu erhalten. Die Gemeinden sträubten sich — ebenfalls begreiflicherweise — dagegen, daß sie, wie es in den bisher geltenden Landestumultschädengesetzen die Regel war, die ganzen, ungeheueren Schäden allein tragen sollten. Das Reich verwies auf seine trostlose Finanzlage, die es ihm unmöglich mache, die Schäden in ihrem ganzen Umfange zu vergüten.

Am 21. Juli 1919 legte die Reichsregierung der in Weimar tagenden Nationalversammlung einen Gesetzentwurf vor, nach welchem mit rückwirkender Kraft alle Aufruhrschäden vom Beginn der Revolution an vom Reich, vom Staat und von der Gemeinde zu je einem Drittel ersetzt werden sollten; erstattungsfähig sollten aber nur reine Sach- und Personenschäden sein und zwar nur, wenn durch die Schäden das wirtschaftliche Bestehen des Betroffenen gefährdet worden sei.

Die Nationalversammlung beriet den Gesetzentwurf in erster Lesung in den beiden Sitzungen vom 30. September und 1. Oktober 1919 und verwies ihn an einen Ausschuß von 21 Mitgliedern.

In den Ausschußberatungen zeigte sich, daß insbesondere drei Punkte die größten Schwierigkeiten bereiteten und zeitweise sogar das Zustandekommen des Gesetzes in Frage stellten. Der Ausschuß konnte sich nicht dazu verstehen

1. den Ersatzanspruch von der Gefährdung des wirtschaftlichen Bestehens des Betroffenen abhängig zu machen,
2. die nach den geltenden Landesgesetzen erworbenen Ansprüche der bisher durch Aufruhr Geschädigten zu vernichten und
3. den Gemeinden ein volles Drittel des Schadens aufzuerlegen.

Man einigte sich mit der Reichsregierung endlich dahin, daß eine Entschädigung schon dann gewährt werden solle, wenn und soweit ohne solche das Fortkommen des Betroffenen unbillig erschwert sei, ferner daß, mit Ausnahme der Personenschäden, die nach den bisher geltenden Landesgesetzen erworbenen Ansprüche aufrecht erhalten blieben und endlich, daß die Gemeinden sowohl hinsichtlich der bereits entstandenen als auch hinsichtlich der künftigen Schäden nur ein Sechstel tragen sollten.

In dieser Fassung und mit einigen weiteren vom Ausschuß vorgeschlagenen Änderungen nahm die Nationalversammlung am 29. April 1920 das Gesetz an, nicht aus innerer Überzeugung von der Richtigkeit des Gesetzes, sondern aus dem äußeren Zwang, durch irgend ein Gesetz, und wenn es noch so mangelhaft war, den unabweislichen Wünschen der Aufruhrgeschädigten und der Gemeinden nach einer neuen gesetzlichen Regelung des Ersatzes der Aufruhrschäden einigermaßen entgegenzukommen.

Befriedigt sind von dem Gesetz weder das Reich, noch die Gemeinden, noch die Aufruhrgeschädigten. Immerhin darf nicht verkannt werden, daß die bisherigen Landesgesetze veraltet waren, und daß eine gesetzliche Neuregelung ein unabweisbares Bedürfnis war.

A. Gesetz über die durch innere Unruhen verursachten Schäden.

Vom 12. Mai 1920.

I. Gesetzestext.

Die verfassunggebende Deutsche Nationalversammlung hat das folgende Gesetz beschlossen, das mit Zustimmung des Reichsrats hiermit verkündet wird:

§ 1. Wegen der Schäden, die an beweglichem und unbeweglichem Eigentume sowie an Leib und Leben im Zusammenhange mit inneren Unruhen durch offene Gewalt oder durch ihre Abwehr unmittelbar verursacht werden, bestehen Ersatzansprüche gegen das Reich nach Maßgabe dieses Gesetzes.

Dies gilt nicht für Beschädigungen am Eigentume des Reichs, der Länder, der Gemeinden und Gemeindeverbände.

§ 2. Ein Anspruch auf Entschädigung ist nur gegeben, wenn und soweit ohne solche nach den Umständen das Fortkommen des Betroffenen unbillig erschwert würde. Seine gesamten Vermögens- und Erwerbsverhältnisse sind dabei zu berücksichtigen.

Als Betroffene gelten bei Sachschäden der Eigentümer oder wer sonst die Gefahr des zufälligen Unterganges der vernichteten oder beschädigten Sache trägt, bei Personenschäden der Beschädigte und die Hinterbliebenen des infolge der Beschädigung Verstorbenen. Hinterbliebene im Sinne dieses Gesetzes sind die Witwe und die ehelichen oder legitimierten Kinder des Beschädigten und die unehelichen Kinder einer weiblichen Person sowie die unehelichen Kinder eines Mannes dann, wenn die gesetzliche Unterhaltspflicht des Beschädigten festgestellt ist oder wird. Als Hinterbliebener einer Ehefrau, die wegen Erwerbsunfähigkeit des Ehemanns ihre Familie ganz oder überwiegend aus ihrem Arbeitsdienst unterhalten hat, gilt auch der Ehemann.

§ 3. Wird Ersatz für Schäden an Grundstücken oder Gebäuden zugesprochen, so kann die Zahlung davon abhängig gemacht werden, daß die Wiederherstellung der Grundstücke oder Gebäude sichergestellt wird.

§ 4. Bei Schäden an Leib und Leben wird dem Beschädigten Ersatz für die notwendigen Heilungskosten und für die Einbuße an Erwerbsfähigkeit, den Hinterbliebenen ein Ausgleich der Nachteile gewährt, die ihnen durch den Fortfall des Ernährers entstanden sind. Der Ersatz wird, soweit es sich nicht um Heilungskosten handelt, in Form einer monatlichen, im voraus zahlbaren Rente gewährt. Die Rente darf nach Umfang und Dauer den Betrag nicht übersteigen, der dem Beschädigten oder den Hinterbliebenen des Verstorbenen nach den am

31. März 1920 geltenden Militärversorgungsgesetzen zustehen würde, wenn der Beschädigte als Gemeiner eine durch den Krieg herbeigeführte Dienstbeschädigung erlitten hätte oder wenn der Verstorbene als Gemeiner im Felde gefallen wäre.

Als Höchstbetrag der Rente für ein uneheliches Kind gilt der für ein eheliches Kind vorgesehene Betrag.

Einem beschädigten Kinde wird die Rente für die Zeit nach Vollendung seines 14. Lebensjahres gewährt; für die Zeit vorher kann eine Rente gewährt werden, wenn das Kind infolge der Beschädigung einer besonderen Berufsausbildung oder dauernd besonderer Pflege und Wartung bedarf.

Die Feststellung der Rente wird auf Antrag oder von Amts wegen aufgehoben oder abgeändert, soweit in den Verhältnissen, die für die Feststellung maßgebend waren, nachträglich eine wesentliche Änderung eingetreten ist. Der Aufhebungs- oder Abänderungsbescheid hat den Zeitpunkt zu bestimmen, in dem er wirksam wird.

§ 5. Wenn bei der Entstehung des Schadens ein Verschulden eines Betroffenen mitgewirkt hat, so findet § 254 des Bürgerlichen Gesetzbuchs Anwendung.

Wer wissentlich falsche Angaben bei Aufstellung seiner Schadensberechnung macht, geht seines Schadensersatzanspruches verlustig.

§ 6. Über den Ersatzanspruch sowie über die Aufhebung und die Abänderung der Feststellung der Rente (§ 4 Abs. 4) entscheidet ein Ausschuß. Der Anspruch ist bei diesem vom Betroffenen anzumelden.

Bei Schäden an beweglichen und unbeweglichen Sachen kann die Anmeldung auch durch den dinglich Berechtigten erfolgen.

Die Anmeldung des Anspruchs muß binnen einer Ausschlußfrist von drei Monaten seit dem Eintritt des Schadens erfolgen. Ist die Frist ohne Verschulden des Beteiligten versäumt worden, so kann der Ausschuß Wiedereinsetzung in den vorigen Stand bewilligen. Der Antrag auf Wiedereinsetzung in den vorigen Stand ist binnen zweier Wochen nach Beseitigung des Hindernisses bei dem Ausschuß anzubringen.

Gegen die Entscheidungen des Ausschusses findet binnen einem Monat nach der Zustellung die Beschwerde an das Reichswirtschaftsgericht statt.

Die Ausschüsse werden von den Landeszentralbehörden nach Bedarf errichtet. Den Vorsitz im Ausschuß muß eine zum Richteramt oder höheren Verwaltungsdienste befähigte Person führen. Im übrigen erläßt die Reichsregierung mit Zustimmung des Reichsrats die Vorschriften über die Zusammensetzung der Ausschüsse und des Reichswirtschaftsgerichts sowie über das Verfahren.

Das Verfahren vor den Ausschüssen und vor dem Reichswirtschaftsgericht ist kostenfrei.

§ 7. Bei den Ausschüssen und beim Reichswirtschaftsgericht ernennt der Reichsminister des Innern Vertreter des Reichsinteresses, die seinen Anweisungen nachzukommen haben. Die Länder und Gemeinden können ebenfalls Beauftragte bestimmen, die ihre Interessen zu vertreten haben.

Dem Vertreter des Reichsinteresses und den Beauftragten der Länder und Gemeinden sind die Bescheide der Ausschüsse und des Reichswirtschaftsgerichts zuzustellen.

§ 8. Das Recht der Beschwerde steht dem Betroffenen, dem dinglich Berechtigten (§ 6 Abs. 1 Satz 3) und den in § 7 bezeichneten Stellen zu.

§ 9. Die bei dem Verfahren beteiligten Personen sind zur Geheimhaltung der Verhandlungen und der dabei zu ihrer Kenntnis gelangten Verhältnisse der Antragsteller verpflichtet. Wer dieser Vorschrift unbefugt zuwiderhandelt, wird mit Geldstrafe bis zu eintausendfünfhundert Mark oder mit Gefängnis bis zu drei Monaten bestraft. Die Verfolgung tritt nur auf Antrag des Verletzten ein.

§ 10. Die zur Befriedigung der Ansprüche aus den §§ 1 bis 5 sowie zur Bestreitung der Kosten des Verfahrens (§ 6) notwendigen Mittel trägt in Höhe von sechs Zwölfteln das Reich, in Höhe von vier Zwölfteln das Land, in dem der Schaden entstanden ist, und in Höhe von zwei Zwölfteln die beteiligte Gemeinde. Die Landeszentralbehörde kann den Anteil leistungsschwacher Gemeinden höheren Gemeindeverbänden ganz oder zum Teil auferlegen.

Die Landeszentralbehörde kann bestimmen, daß wirtschaftlich und örtlich zusammenhängende Gemeinden für die Erstattung nach Abs. 1 als eine einheitliche Gemeinde zu gelten haben.

§ 11. Wegen der nach dem Inkrafttreten dieses Gesetzes verursachten Schäden können Ansprüche auf

Grund der landesgesetzlichen Vorschriften über den Ersatz von Aufruhrschäden gegen Länder oder Gemeinden nicht mehr geltend gemacht werden.

§ 12. Falls dem Beschädigten oder Hinterbliebenen wegen desselben Schadens ein anderer gesetzlicher Anspruch zusteht, geht dieser mit dem Zeitpunkt der Zahlung der nach § 2 dieses Gesetzes festgestellten Beträge in deren Höhe auf das Reich und die übrigen gemäß § 10 an der Aufbringung der Mittel beteiligten öffentlich-rechtlichen Körperschaften nach dem Maße ihrer Beteiligung, im übrigen zu gleichen Rechten über. Dies gilt nicht für öffentlich-rechtliche Versorgungsansprüche aller Art.

§ 13. Soweit bei dem Inkrafttreten dieses Gesetzes Ansprüche auf Grund landesgesetzlicher Vorschriften über den Ersatz von Aufruhrschäden gegen Länder oder Gemeinden nicht bestanden, finden die Vorschriften der §§ 1 bis 10, 12 auch auf die vor dem Inkrafttreten dieses Gesetzes seit dem 1. November 1918 verursachten Schäden der im § 1 bezeichneten Art Anwendung.

§ 14. Die §§ 1 bis 10, 12 finden auch Anwendung auf die Schäden an Leib und Leben, die seit dem 1. November 1918 bis zum Inkrafttreten dieses Gesetzes im Zusammenhange mit inneren Unruhen durch offene Gewalt oder durch ihre Abwehr verursacht sind. Wegen dieser Schäden können vom Inkrafttreten dieses Gesetzes Ansprüche auf Grund landesgesetzlicher Vorschriften über den Ersatz von Aufruhrschäden gegen Länder oder Gemeinden nicht mehr geltend gemacht oder weiter verfolgt werden. Diese Vorschrift findet auf die beim Inkrafttreten dieses Gesetzes bereits rechtskräftig festgestellten Ansprüche keine Anwendung.

§ 15. Für Vermögensschäden, die seit dem 1. November 1918 bis zum Inkrafttreten dieses Gesetzes im Zusammenhange mit inneren Unruhen durch offene Gewalt oder durch ihre Abwehr verursacht sind, bleiben die bisherigen Gesetze maßgebend, doch kann der Ersatz mittelbaren Schadens und entgangenen Gewinns sowie der Ersatz für Gegenstände, die dem Luxusbedürfnisse des Betroffenen dienen, nicht beansprucht werden. Rechtskräftig festgestellte Ansprüche bleiben unberührt.

Die hiernach zum Schadensersatz erforderlichen Mittel haben die Gemeinden, soweit sie dem Geschädigten zum Ersatze verpflichtet sind, zunächst zu verauslagen. Sie können jedoch Ersatz ihrer Aufwendungen zu sechs Zwölfteln vom Reiche und zu vier Zwölfteln vom Lande insoweit beanspruchen, als die Entschädigung geboten war, um unter Berücksichtigung der gesamten Vermögens- und Erwerbsverhältnisse des Betroffenen eine nach den Umständen unbillige Erschwerung seines Fortkommens (§ 2 Abs. 1) zu verhüten. Die Vorschrift im § 10 Satz 2 findet Anwendung.

Über den Erstattungsanspruch der Gemeinde gegen Reich und Land wird nach Maßgabe des § 6 entschieden.

Ansprüche auf Grund der bisherigen Gesetze können binnen einer Ausschlußfrist von drei Monaten vom Inkrafttreten dieses Gesetzes an auch dann noch geltend gemacht werden, wenn auf Grund der bisherigen Gesetze Verjährung eingetreten oder die Ausschlußfrist abgelaufen war; jedoch sind für den Umfang und die Verfolgung der Ersatzansprüche die §§ 1 bis 10, 12 dieses Gesetzes maßgebend.

§ 16. Soweit ein Ersatzanspruch der Gemeinden gegen Reich und Land nicht besteht, soll Gemeinden, die zur Zahlung der Schadensersatzansprüche nicht oder nicht völlig in der Lage sind, vom Reiche ein angemessener Betrag zur Bezahlung der Ansprüche zur Verfügung gestellt werden.

§ 17. Ein Rückgriffsanspruch der Gemeinden gegen das Reich wegen der bis zum Inkrafttreten dieses Gesetzes verursachten Schäden der im § 1 bezeichneten Art besteht insoweit nicht, als die Gemeinde auf Grund eines Versicherungsvertrags Ersatz beanspruchen kann. Die Gemeinden sind dem Reiche gegenüber zur Angabe der ihnen gezahlten Versicherungssummen verpflichtet.

§ 18. Die Reichsregierung erläßt mit Zustimmung des Reichsrats die Bestimmungen zur Ausführung dieses Gesetzes. Soweit dies nicht geschieht, können die Bestimmungen von den Landeszentralbehörden erlassen werden.

Für die Fälle, in welchen zu dem für die Anmeldung des Schadens maßgebenden Zeitpunkt Ausschüsse noch nicht gebildet sind, treffen die Ausführungsbestimmungen Anordnung, bei welcher Behörde die Anmeldung zu erfolgen hat.

Die im § 6 Abs. 2 Satz 1 bezeichnete Frist beginnt in den Fällen der §§ 13a und 13b mit dem Inkrafttreten des Gesetzes.

§ 19. Dieses Gesetz tritt mit dem Tage der Verkündung in Kraft.

Berlin, den 12. Mai 1920.

Der Reichspräsident

Ebert.

Der Reichsminister des Innern

Koch.

II. Erläuterungen.

I. Tatbestand.

§ 1.

Wegen der Schäden, die an beweglichem und unbeweglichen Eigentume[1] sowie an Leib und Leben[2] im Zusammenhange[3] mit inneren Unruhen[4] durch offene Gewalt[5,6] oder durch ihre Abwehr[7] unmittelbar[8] verursacht werden, bestehen Ersatzansprüche gegen das Reich[9] nach Maßgabe dieses Gesetzes.

Dies gilt nicht für Beschädigungen am Eigentume des Reichs, der Länder, der Gemeinden und Gemeindeverbände.[10,11]

1. Schäden an beweglichem und unbeweglichem Eigentum. Der Begriff ist dem § 1 des Kriegsschädengesetzes vom 3. Juli 1916 (RGBl. 1916 S. 675) entnommen und im gleichen Sinne wie dort gebraucht. Hier wie dort sind unter beweglichem und unbeweglichem Eigentum nur körperliche Gegenstände (§§ 90, 903 BGB.) zu verstehen, nicht dagegen dingliche Rechte, obligatorische Forderungen; auch Vermögenseinbußen anderer Art, wie z. B. Erwerbsschäden, gehören nicht hieher (vgl. hiezu Anm. 8).

Metallgeld gehört zum beweglichen Eigentum, desgleichen das Papiergeld (Banknoten, Reichs- usw. Kassenscheine). Auch Wertpapiere (Wechsel, Schecks, Aktien, Schuldverschreibungen u. dgl.), sind an sich zum beweglichen Eigentum zu rechnen, da sie wirtschaftlich einen bestimmten Geldeswert darstellen. Zu beachten ist aber, daß der Geschädigte für den Verlust von Wertpapieren nur dann Ersatz beanspruchen kann, wenn er nicht im Wege des Aufgebotsverfahrens an Stelle des verlorenen Wertpapiers ein Ersatzstück zu erlangen vermag.

Die Schäden können dadurch entstehen, daß die Sache zerstört oder abhanden gekommen oder daß sie beschädigt worden ist.

2. Schäden an Leib und Leben sind Körperverletzung und Tötung, und zwar Körperverletzungen im weitesten Sinne, so z. B. auch nervöse Erkrankungen infolge eines Schreckens.

3. Durch das Wort „im Zusammenhange" soll nach der Begründung zum Gesetz zum Ausdruck gebracht werden, daß der „unmittelbare Kausalzusammenhang" zwischen dem Schaden und den Aufruhrhandlungen bzw. Abwehrmaßregeln bestehen muß. Damit sind beispielsweise Schäden ausgeschlossen, die durch einen Einbruchdiebstahl verursacht sind, der zwar während der inneren Unruhen, aber nicht in ursächlichem Zusammenhang mit einem Aufruhr verübt ist.

Mit anderen Worten, es genügt nicht, wenn nur ein zeitlicher oder örtlicher Zusammenhang mit den Aufruhrhandlungen bzw. Abwehrmaßnahmen besteht, sondern es muß ein ursächlicher Zusammenhang vorhanden sein. Dies versteht sich eigentlich von selbst und es wäre besser, wenn das Gesetz entsprechend der Diktion des Bürgerlichen Gesetzbuches anstatt der Worte „Im Zusammenhang ‚mit'" das Wort „durch" gebraucht hätte.

Bezüglich der Frage, wann der ursächliche Zusammenhang als gegeben anzusehen ist, sind die im bürgerlichen Rechte ausgebildeten Grundsätze über den adäquaten Kausalzusammenhang (vgl. Kommentar von Reichsgerichtsräten zum Bürgerlichen Gesetzbuch Anm. 2 vor § 249) maßgebend.

Es ist nicht erforderlich, daß der Schaden unmittelbar durch einen Teilnehmer am Aufruhr oder an der Abwehraktion angerichtet worden ist; so fallen z. B. unter das Gesetz auch Schäden, welche Unbeteiligte durch

Einstoßen von Haustüren, Eindrücken von Fensterscheiben u. dgl. verursachen, um Schüssen, oder dem Erdrücktwerden usw. zu entgehen.

Der Entwurf des Gesetzes hatte ursprünglich folgendermaßen gelautet:

„Wegen der Schäden, die ..... im Zusammenhange mit inneren Unruhen bei einer Zusammenrottung oder einem Zusammenlauf von Menschen durch offene Gewalt ..... verursacht sind" ....."

Man hat diesen komplizierten Tatbestand dahin geändert, daß man die Worte „bei einer Zusammenrottung oder einem Zusammenlauf von Menschen" wegließ. In dem Bericht des zur Beratung des Entwurfs eingesetzten 21. Ausschusses der Nationalversammlung (Drucksache Nr. 2752 der Nationalversammlung) S. 2 wird hiezu folgendes ausgeführt:

„Es bestand Einmütigkeit darüber, daß die Fassung des § 1 der Auslegung Schwierigkeiten zu bereiten geeignet sei. Der dreifach abgestufte Kausalzusammenhang, wonach der Schaden a) im Zusammenhang mit inneren Unruhen, b) bei einer Zusammenrottung oder einem Zusammenlauf von Menschen, c) durch offene Gewalt oder durch Anwendung der dagegen ergriffenen Maßnahmen unmittelbar verursacht sein muß, berge eine bedenkliche Komplizierung des Tatbestandes in sich, ohne doch die auftauchenden Zweifel zu beseitigen. Angesichts der Verwendung weittragender Geschosse könnten Beschädigungen in Gegenden hervorgerufen sein, wo eine Zusammenrottung oder ein Zusammenlauf von Menschen gar nicht stattgefunden habe. In München etwa seien die schwersten Schäden durch die Gewaltmaßnahmen der Räteregierung entstanden, ohne daß doch von einer andauernden Zusammenrottung geredet werden könne. Es sei aber unbedingt erforderlich, gerade derartige Vorgänge einzubeziehen. Nicht dagegen könne in Frage kommen der Ersatz von Schäden, die nicht bei Gelegenheit innerer Unruhen, und ebensowenig der Ersatz aller Schäden, die bei solcher Gelegenheit durch eine vereinzelte Handlung entstanden seien, bei der die besondere Gefährlichkeit der vereinigten Kraftanstrengung nicht zutage getreten sei."

4. Den Gegensatz zu inneren Unruhen bildet der gegen den äußeren Feind geführte Krieg. Demgemäß sind von den Aufruhrschäden zu unterscheiden die Kriegsschäden. Kriegsschaden im Sinne des § 35 des Gesetzes über die Kriegsleistungen vom 13. Juni 1873 (RGBl. S. 129) ist ein durch eine Kriegshandlung unmittelbar oder mittelbar herbeigeführter Vermögensschaden. (RG. in JW. 1919 S. 110 Nr. 14). Gemäß § 2 des Kriegsschädengesetzes vom 3. Juli 1916 (RGBl. S. 675) gelten, als durch den Krieg verursacht, Beschädigungen, die hervorgerufen sind:

a) durch die kriegerischen Unternehmungen Deutscher, Verbündeter oder feindlicher Streitkräfte;

b) durch Brand oder sonstige Zerstörung, Diebstahl oder Plünderung (ohne Rücksicht darauf, ob der Urheber des Brandes usw. Angehöriger der deutschen oder der feindlichen Streitkräfte oder Angehöriger der nichtkämpfenden Bevölkerung ist) in den vom Feinde besetzten oder unmittelbar bedrohten Gebieten während der Dauer der Besetzung oder Bedrohung, es sei denn, daß nachgewiesen wird, daß ein Zusammenhang der Entstehung und des Umfanges des Schadens mit dem Kriege nicht vorliegt;

c) durch die Flucht, Abschiebung oder Verschleppung der Bevölkerung oder die Wegschaffung ihrer Habe aus den vom Feinde besetzten oder unmittelbar bedrohten Gebieten.

Allem Anschein nach sind durch den Frieden von Versailles die Kampfhandlungen an den Grenzen des Reiches nicht beendigt. Die Bestrebungen, deutsche Gebiete vom Reich loszulösen oder loszureißen haben beispielsweise an der polnischen Grenze schon zu erheblichen Kämpfen geführt. Es entsteht die Frage, ob die hiebei angerichteten Schäden als Aufruhrschäden oder als Kriegsschäden zu gelten haben.

Der Versuch der deutschen Bevölkerung, ein deutsches Gebiet gewaltsam vom Reich „loszulösen", ist als Aufruhr (oder, wie das Gesetz sagt, als innere Unruhe) zu erachten.

Der Versuch benachbarter Staaten, deutsche Gebiete gewaltsam vom Reich „loszureißen“ (vgl. Polen!) ist als kriegerische Handlung zu betrachten, auch wenn keine Kriegserklärung erfolgt ist und ein offizieller Kriegszustand nicht besteht. Schließen sich Teile der deutschen Grenzbevölkerung den auswärtigen Truppen oder Banden, die die Losreißung gewaltsam durchführen wollen, an, so ist zwar jeder einzelne daran teilnehmende deutsche Reichsangehörige „Landesverräter“, die Bewegung ist aber deswegen nicht Aufruhr, sondern Kriegshandlung. Die Grenze zwischen beiden Begriffen ist allerdings nicht immer leicht zu bestimmen. Besteht die Hauptmacht derer, die die Losreißung gewaltsam betreiben, aus fremden Truppen oder aus Banden, die vom feindlichen Staat offiziell oder auch nur tatsächlich zum Zwecke der Losreißung organisiert werden, so sind Kriegshandlungen anzunehmen. Besteht die Hauptmacht aus Angehörigen der deutschen Bevölkerung, so liegt Aufruhr vor, und zwar auch dann, wenn die Aufständischen vom fremden Staat mit Geld und Waffen ausgestattet werden. Je nachdem sind die Schäden als Kriegs- oder Aufruhrschäden zu qualifizieren.

Die Loslösungsbestrebungen in Polen dürften demnach als Kriegshandlungen (vgl. Lindenau in DJZ. 1919 Sp. 143), die im Rheinland als Aufruhr zu bezeichnen sein. (Vgl. hiezu Dr. Frederich, die Haftung der Gemeinden für Tumultschäden in Preußen, Ostpreußische Druckerei- und Verlagsanstalt Königsberg 1920 Seite 63 ff.)

Gleichgültig ist, ob die inneren Unruhen politischer oder wirtschaftlicher Art sind. Gleichgültig ist selbstverständlich auch, ob die inneren Unruhen niedergeschlagen wurden oder Erfolg hatten. Auch die Schäden eines geglückten politischen Umsturzes fallen unter das Gesetz. Unter den Begriff „innere Unruhen“ fallen daher Revolutionen, Streiks, Aussperrungen, Judenverfolgungen, Aufläufe anläßlich Lebensmittelteuerungen

Unerheblich ist der Umfang der inneren Unruhen; auch solche von nur lokaler Ausbreitung fallen unter das Gesetz.

5. Durch offene Gewalt.

a) Der Ausdruck „offene“ Gewalt bildet den Gegensatz zu versteckter oder heimlicher Gewalt. Offene Gewalt ist eine offen wahrnehmbare Gewalt, eine Gewalt, die nicht nur angewendet wird, so lange sie niemand sieht, wie z. B. bei einem Einbrecher, der bei Nacht nur so lange Gewalt gebraucht, als er sich unentdeckt glaubt und flieht, wenn er entdeckt wird, sondern offene Gewalt ist eine Gewalt, die sich nicht scheut, wahrgenommen zu werden, und die nicht zu wirken aufhört, wenn sie wahrgenommen wird. Ein nächtlicher Einbruch wird, wie schon gesagt, für gewöhnlich nicht als Anwendung offener Gewalt zu betrachten sein; dagegen ist beispielsweise eine von einer Gruppe bewaffneter Aufrührer vorgenommene Requisition in der Regel als offene Gewalt anzusehen. Ob eine Mehrzahl von Personen — abgesehen von den Betroffenen — die Gewaltanwendung wirklich wahrgenommen hat oder nicht, ist gleichgültig; es kommt nur darauf an, ob die Täter die Gewalt auch angewendet hätten, wenn eine beliebige Zahl von dritten Personen es gesehen hätte; dies bleibt Tatfrage. Beispiel: Die nächtlichen Verhaftungen und Haussuchungen durch Gruppen von Spartakisten im April 1919 in München waren Anwendung offener Gewalt, auch wenn die nächtlichen Verhaftungen sonst von niemand wahrgenommen wurden als von dem Verhafteten und allenfalls dessen Familienangehörigen; denn die Aufrührer hätten sich nicht gescheut, die Verhaftungen am hellen Tage in aller Öffentlichkeit vorzunehmen und hatten die Nachtzeit nicht deswegen gewählt, weil sie glaubten, die Verhaftung heimlich vornehmen zu können, sondern nur deswegen, weil sie in der Nacht ihre Opfer sicherer anzutreffen hofften.

b) Offene Gewalt muß angewendet sein; Gewalt ist Anwendung oder Androhung körperlicher Kraft; Gewalt ist auch die Androhung von Strafe zur Erzwingung einer Handlung oder Unterlassung.

Offene Gewalt ist anzunehmen in den Fällen, in denen Körperschaften oder Personengruppen sich obrigkeitliche Gewalt widerrechtlich angemaßt haben und durch Androhung von Zwangsregeln oder durch Verordnungen, denen sie „Gesetzeskraft" beilegen, Eingriffe gegen die Person oder das Eigentum vornehmen; so sind z. B. von der „Räteregierung" vorgenommene Beschlagnahmen oder die von einem „Revolutionstribunal" ausgesprochenen Freiheits- und sonstigen Strafen offene Gewalt im Sinne des Gesetzes.

Bei einer gewaltsamen Umstürzung der Staatsform sind in den ersten Tagen die Maßnahmen der neuen „Regierung" meist als offene Gewalt anzusehen. Wenn aber die neue Regierung die Staatsgewalt endgültig in ihre Hand bekommt, dann werden nach anerkannten Grundsätzen nachträglich ihre Anordnungen und Maßnahmen legalisiert.

Die Anwendung unmittelbarer körperlicher Gewalt gegen den Beschädigten ist nicht vorausgesetzt. Ein die Freiheit seiner Willensbetätigung aufhebender Zwang ist der unmittelbaren Gewalt gleichzustellen. (Urteil des Reichsgerichts vom 5. Juli 1920 VI 66/20).

Überschreitung der Amtsgewalt oder Übergriffe einer Regierung, die tatsächlich die Staatsgewalt in Händen hat, sind keine „offene Gewalt" im Sinne des Gesetzes. (Vgl. hiezu Anm. 6).

c) Durch offene Gewalt muß der Schaden entstanden sein; d. h. nach der in der Gesetzgebung üblichen Diktion, muß zwischen Schaden und offener Gewalt ein ursächlicher Zusammenhang bestehen; wann ursächlicher Zusammenhang anzunehmen ist, bemißt sich nach den in der heutigen Rechtsprechung anerkannten Grundsätzen des adäquaten Kausalzusammenhangs (vgl. Kommentar von Reichsgerichtsräten zum BGB. Anm. 2 vor § 249). Der ursächliche Zusammenhang ist auch anzunehmen, wenn jemand aus Schrecken einen Nervenchock oder aus Aufregung einen Schlaganfall erleidet (a. A. Friedländer, Das preuß. Tumultgesetz § 1 Anm. 10).

6. Fallen Schäden durch Amtshandlungen der Arbeiter- und Soldatenräte, der Räteregierungen u. dgl. unter das Gesetz?

Ich meine hier nur die Handlungen, die entweder von den betreffenden Körperschaften selbst oder von deren Organen im Einverständnis mit diesen Körperschaften vorgenommen worden sind, nicht dagegen die Handlungen, welche einzelne Organe dieser Körperschaften sozusagen unter Überschreitung ihrer Amtsbefugnisse vorgenommen haben.

Diese Frage deckt sich mit der Frage, ob die Arbeiter- und Soldatenräte oder die Räteregierungen als „Regierungen" anzusehen waren oder nicht.

Das Staatsrecht erkennt den Grundsatz an, daß derjenige, der im *tatsächlichen* Besitze der Staatsgewalt ist, rechtmäßig regiert; daß es ihm gelingt, den tatsächlichen Besitz der Staatsgewalt dauernd zu behaupten, ist nicht erforderlich. In Zeiten einer Revolution ist es erfahrungsgemäß nichts Ungewöhnliches, daß ein Staat mehrere Regierungsformen hintereinander durchmacht. Alle die Regierungen, die zwischen der ursprünglichen Regierung und derjenigen liegen, welche sich schließlich behauptet, können zeitweise rechtmäßige Regierungen gewesen sein, solange sie eben die tatsächliche Gewalt in Händen hatten. Auch der Umstand schließt die Rechtmäßigkeit einer Zwischenregierung nicht aus, daß sie nach einiger Zeit von der Regierung, die sie gestürzt hatte, selbst wieder gestürzt wird; nur muß sie in der Zwischenzeit die tatsächliche Gewalt derart in Händen gehabt haben, daß die andere Regierung in Wirklichkeit vollständig beseitigt war. Ob dies der Fall war, ist Tatfrage. Hat jedoch eine solche „Revolutionsregierung" sich die tatsächliche Gewalt nicht im ganzen Staat, sondern nur in einem Teile, etwa nur in einer Stadt anzueignen vermocht, während im übrigen Lande die alte Regierung die Staatsgewalt in Händen behielt, dann kann die lokale Revolutionsregierung als rechtmäßige Regierung nicht betrachtet werden, es müßte denn sein, daß der Teil des Staates, in dem sie die

Gewalt inne hatte, als ein eigener Staat losgetrennt und anerkannt war.

Wendet man diese Grundsätze auf die Arbeiter- und Soldatenräte und auf die Räteregierung an, so gelangt man zu folgendem Ergebnis:

Nach dem Sturz der Reichs- und der Landesregierungen Mitte November 1918 ist die tatsächliche Gewalt im Reiche und in den Einzelstaaten auf die Arbeiter- und Soldatenräte übergegangen. Diese waren rechtmäßige Regierung. (Vgl. Friedländer S. 23; Eckstein in JW. 1919 S. 137; Dr. Frederich S. 69 f.; Caro in JW. 1919 S. 27; Anschütz in JW. 1918 S. 751; Lobe in JW. 1919 S. 18; Funk in JW. 1919 S. 76; Urteil des Landgerichts Essen vom 13. März 1920 in JW. 1920 S. 505).

Die später an einzelnen Stellen des Reichs sich bildenden „Räteregierungen" (z. B. München im April 1919) waren dagegen keine rechtmäßigen Regierungen. Ihre „Regierungshandlungen" waren objektiv widerrechtlich. Schäden der in § 1 genannten Art, die durch ihre „Regierungshandlungen" entstanden sind, fallen unter das Gesetz; ihr Zusammenhang mit inneren Unruhen (vgl. Anm. 4) ist zweifellos gegeben. Durch offene Gewalt sind sie entstanden, wenn der Betroffene entweder durch unmittelbare körperliche Gewalt oder durch Androhung von körperlicher Gewalt (auch Androhung von Strafen, vgl. Anm. 5) gezwungen worden ist.

Über die Frage, ob Amtspflichtverletzungen und Überschreitung der Amtsbefugnis der Beamten einer rechtmäßigen Regierung unter das Gesetz fallen vgl. § 11 Anm. 1.

7. oder durch ihre Abwehr.

Zwischen dem Schaden und der Abwehrmaßnahme muß ein ursächlicher Zusammenhang bestehen (vgl. Anm. 5 a. E.).

Es genügt, wenn ein Schaden schon durch Anordnung von Abwehrmaßnahmen entstanden ist.

Die Worte „oder durch ihre Abwehr" beziehen sich nicht nur auf die Unterdrückung der offenen Gewalt, sondern auch auf die Unterdrückung der inneren Unruhen überhaupt (vgl. RGZ. Bd. 67 S. 238). Schäden, die durch die Zerstreuung einer aufrührerischen Menschenmenge oder durch die Absperrung von Straßen, Besetzung und Verbarrikadierung von Häusern gegen drohende Angriffe der Aufrührer entstehen, fallen unter das Gesetz.

§ 1 des preußischen Tumultgesetzes, dem sonst der § 1 des Aufruhrschädengesetzes nachgebildet ist, spricht von den „dagegen getroffenen gesetzlichen Maßregeln". Dieser Begriff ist wesentlich enger als der Begriff der „Abwehr" überhaupt. Die Erweiterung ist deswegen zu begrüßen, weil es für den Geschädigten belanglos ist, ob sein Schaden durch gesetzliche oder durch andere Abwehrmaßnahmen entstanden ist und weil in Revolutionszeiten die Feststellung der Gesetzmäßigkeit der Gegenmaßnahmen oft schwierig ist.

Die zum Schadensersatz verpflichtenden Abwehrmaßnahmen können sowohl von der Obrigkeit (Polizei, Militär usw.) als auch von dem mit Schaden Bedrohten oder vom Publikum ergriffen sein. Es macht keinen Unterschied, ob die Maßnahmen notwendig waren, oder ob sie zu weit gegangen sind. Auch Schäden, die durch Überschreitung der Notwehr entstanden sind, fallen unter das Gesetz (das ist ausdrücklich in der Begründung zum Gesetzentwurf Seite 6 anerkannt).

Eine Ausnahme gilt nur bezüglich der vom Betroffenen selbst ergriffenen Maßnahmen. Hat er dadurch Schaden genommen, daß er die Notwehr schuldhaft überschritten hat, dann kann er nach § 5 Schadensersatz nicht beanspruchen. (Vgl. Mosse, DJZ. 1919 S. 712, Kommentar von Reichsgerichtsräten zum BGB. § 227 Anm. 3 a. E.).

8. Durch das Wort unmittelbar will zum Ausdruck gebracht werden, daß nur sogenannte unmittelbare Schäden ersetzt werden, nicht dagegen mittelbare, wie z. B. Lohnzahlung für Streiktage.

Zu den mittelbaren Schäden gehören die indirekten Folgen der Beschädigungen einer Sache für den Betroffenen

z. B. bei Beschädigung einer Fabrik, die Schäden aus Betriebsstörungen, der Verderb von Vorräten, die infolge der Beschädigung der Fabrik nicht verarbeitet werden können, Konventionalstrafen wegen nicht rechtzeitiger Lieferung von Fabrikaten, entgangener Gewinn, Weiterzahlung des Lohnes an die Arbeiter einer durch Aufruhrschäden stillgelegten Fabrik. (Vgl. Bericht des 21. Ausschusses, Drucksache Nr. 2752 S. 4).

Es gehören zu den mittelbaren Schäden aber auch die Schäden, die dritten Personen durch die Beschädigung einer fremden Sache oder durch die Verletzung oder Tötung einer anderen Person entstanden sind z. B. die Schäden, die einem Unterhaltsberechtigten dadurch entstehen, daß der Unterhaltsverpflichtete infolge einer Körperverletzung zeitweise in seiner Erwerbsfähigkeit beschränkt ist, ferner die Schäden, die einem Dienstberechtigten dadurch entstehen, daß der Dienstverpflichtete wegen einer Körperverletzung oder Tötung zeitweise oder dauernd dem Dienstberechtigten keine Dienste mehr leisten kann (§ 845 BGB.), sowie die Schäden, die Unterhaltsberechtigten durch die Tötung des Ernährers entstehen, soweit die Unterhaltsberechtigten nicht „Hinterbliebene" im Sinne des § 2 Abs. 2 sind (Eltern gehören nicht zu den „Hinterbliebenen"!), endlich alle nicht vermögensrechtlichen Schäden wie Schmerzensgeld (§ 847 BGB.) oder Schäden aus der Verletzung der Geschlechtsehre einer Frauensperson (§ 825 BGB.).

Das Gesetz entschädigt grundsätzlich nur die unmittelbaren Schäden, nämlich die direkten Schäden infolge Sachbeschädigung, Körperverletzung und Tötung. Bei Sachschäden besteht der unmittelbare Schaden (damnum emergens, Gemeiner Wert) in dem Wert, den die Sache am Tage der Beschädigung besaß (vgl. Staudinger, Kommentar zum BGB. Vorbemerkung II 1 vor § 249). Bei Plünderung eines Warenlagers ist daher weder der Einkaufspreis zu ersetzen, den der Ladeninhaber seinerzeit seinem Lieferanten gezahlt hat (sogen. Fakturenwert), noch der Preis, zu dem der Ladeninhaber die Waren hätte weiterverkaufen können. Der zu ersetzende Schaden besteht vielmehr in dem Preis, den der Ladeninhaber zahlen müßte, wenn er die Waren in dem Zustand, in dem sie sich zur Zeit der Plünderung befanden, am Tag der Plünderung hätte einkaufen müssen.

9. Schuldner des Beschädigten ist das Reich, das jedoch im Innenverhältnis die Länder und die beteiligte Gemeinde zur Aufbringung und Tragung der Schadensersatzsumme heranzieht (vgl. § 10).

10. Ihnen steht also für die Beschädigung ihres beweglichen und unbeweglichen Eigentums ein Schadensersatzanspruch gegen das Reich nicht zu. Der Schadensersatzanspruch gegen die Täter, Anstifter und Teilnehmer bleibt dagegen bestehen.

11. Der Entwurf zum Gesetze sah in einem Abs. 3 zu § 1 die Bestimmung vor, daß Ausländer Schadensersatzansprüche nur mit Genehmigung des Reichsministeriums des Auswärtigen geltend machen können. Die Bestimmung hatte ihr Vorbild in § 4 Abs. 2 des Kriegsleistungsgesetzes vom 3. Juli 1916. Sie wurde jedoch fallen gelassen, wohl im Hinblick auf den Versailler Friedensvertrag, welcher bestimmt, daß Ausländer nicht schlechter gestellt sein dürfen, als Inländer.

II. Umfang des Ersatzanspruchs.

§ 2.[1]

Ein Anspruch auf Entschädigung ist nur gegeben, wenn und soweit ohne solche nach den Umständen das Fortkommen des Betroffenen unbillig erschwert würde.[2] Seine gesamten Vermögens- und Erwerbsverhältnisse sind dabei zu berücksichtigen.[3]

Als Betroffene gelten bei Sachschäden der Eigentümer oder wer sonst die Gefahr des zufälligen Unterganges der vernichteten oder beschädigten Sache trägt,[4] bei Personenschäden der Beschädigte und die Hinterbliebenen des infolge der Beschädigung Verstorbenen.[5] Hinterbliebene im Sinne dieses Gesetzes sind die Witwe und die ehelichen oder legitimierten Kinder des Beschädigten[6] und die unehelichen Kinder einer weiblichen Person sowie die unehelichen Kinder eines Mannes dann, wenn die gesetzliche Unterhaltspflicht des Beschädigten festgestellt ist oder wird.[7] Als Hinterbliebener einer Ehefrau, die wegen Erwerbsunfähigkeit des Ehemannes ihre Familie ganz oder überwiegend aus ihrem Arbeitsverdienst unterhalten hat, gilt auch der Ehemann.[8,9]

1. Die Fassung des § 2 Abs. 1, also der Umfang der Ersatzleistung war am heftigsten umstritten. Der Entwurf des Gesetzes sah folgende Fassung vor:

„Ein Ersatzanspruch ist nur gegeben, wenn durch die Schäden das wirtschaftliche Bestehen des Betroffenen gefährdet worden ist."

Ergänzend war in den §§ 3 und 4 gesagt, daß bei der Bemessung des Schadensersatzes die dem Beschädigten sonst zur Verfügung stehenden Mittel berücksichtigt werden müßten.

Trotzdem es in der Begründung zum Gesetzentwurf hieß, daß diese Bestimmungen wohlwollend ausgelegt werden sollten, hat die Nationalversammlung für den Umfang der Ersatzleistung weitere Grenzen gezogen; sie hat die Voraussetzung einer wirtschaftlichen Gefährdung des Betroffenen ersetzt durch die einer unbilligen Erschwerung des Fortkommens des Betroffenen.

2. Der Begriff „Fortkommen" ist in derselben Weise zu verstehen wie in den §§ 824 und 842 des BGB.; er bedeutet die gesamte künftige wirtschaftliche Lage des Betroffenen. Er umfaßt nicht nur die Vermögens- und Erwerbsverhältnisse, sondern auch bei Frauen die Aussicht, sich durch Verheiratung zu versorgen. Das Fortkommen einer weiblichen Person ist auch dann erschwert, wenn durch eine körperliche Entstellung ihre Heiratsaussichten gemindert sind.

Daß die unbillige Erschwerung des Fortkommens gerade durch d i e Sach- und Personenschäden hervorgerufen sein muß, für welche Ersatz gewährt werden soll, ist nicht erforderlich. Die unbillige Erschwerung des Fortkommens kann vielmehr auch durch andere Umstände hervorgerufen sein. So kann z. B. bei einem Fabrikanten, dessen Fabrikanlagen beschädigt worden sind, die Erschwerung des Fortkommens nicht durch die Höhe des entstandenen Materialschadens, sondern durch den Erwerbausfall verursacht worden sein, der durch die vorübergehende Stillegung der Fabrikation eingetreten ist. In diesem Falle kann der durch den Aufruhr entstandene Erwerbsschaden, der nach dem Gesetz zwar nicht ersatzfähig ist, wenigstens dazu führen, daß der entstandene Sachschaden zu ersetzen ist.

Die Erschwerung des Fortkommens kann sogar durch Ereignisse hervorgerufen sein, die mit dem Aufruhr nichts zu tun haben. Wenn ein Geschäftsmann aus irgend welchen Gründen in Vermögensverfall geraten ist, hat er Anspruch auf Ersatz des ihm zugegangenen Sach- und Personenschadens, wenn ohne die Entschädigung sein Fortkommen unbillig erschwert wäre.

Der Ausdruck „Fortkommen des Betroffenen" könnte das Mißverständnis hervorrufen, als ob bei juristischen Personen niemals Schäden ersetzt werden. Denn nicht bei allen juristischen Personen kann man eigentlich von „Fortkommen" sprechen. Demgegenüber wurde in der Beratung des Gesetzes in der Nationalversammlung eigens festgestellt, daß hier nur ein undeutlicher Ausdruck vorliege und daß zweifellos auch juristische Personen als Geschädigte und Anspruchsberechtigte in Frage kommen können (Stenographische Berichte S. 5615 f.).

Nur eine u n b i l l i g e Erschwerung des Fortkommens rechtfertigt den Anspruch auf Entschädigung, das heißt eine Erschwerung, die zu tragen man dem Betroffenen billigerweise nicht zumuten kann. Der Betroffene muß also nicht nur Schäden, die sein Fortkommen nicht erschweren, selbst tragen, sondern auch Schäden, die sein Fortkommen erschweren, wenn nur die Erschwerung nicht „unbillig" ist. Von wann an eine

„unbillige" Erschwerung vorliegt, darüber gibt das Gesetz keinen Aufschluß. Dies festzustellen, ist eine reine Tatfrage.

Im allgemeinen wird das „Fortkommen" nur dann unbillig erschwert sein, wenn die Erwerbsmöglichkeit beeinträchtigt wurde; dies ist außer bei Personenschäden in der Regel nur bei Sachschäden an solchen Sachen der Fall, die der Betroffene zur Ausübung seines Berufes benötigt, nicht dagegen in der Regel bei Sachen, die lediglich totes Kapital darstellen. So wird z. B. bei Leuten, die ein Einkommen von 15000 ℳ beziehen, das Fortkommen nicht als unbillig erschwert erachtet werden können, wenn ihnen an ihrem Wohnungsmobiliar ein Schaden von 10000 ℳ angerichtet ist.

3. Bei den „gesamten Vermögens- und Erwerbsverhältnissen" ist auch zu berücksichtigen, ob der Betroffene für den Aufruhrschaden bei einer Versicherungsgesellschaft gedeckt ist. Dies wurde bei der Beratung des Gesetzes in der Nationalversammlung besonders betont (Stenographische Berichte S. 5616).

4. Der Begriff des Eigentümers dürfte dahin zu erweitern sein, daß auch derjenige, dem ein Aneignungsrecht an herrenlosen Sachen zusteht, z. B. der Jagdberechtigte hinsichtlich des Wildes, ersatzberechtigt ist; ferner ist zweifellos ersatzberechtigt derjenige, dem eine Sache zur Sicherung übereignet ist. Dagegen ist bei Sachen, die sich nicht im Besitz des Eigentümers befinden, z. B. Sachen, die sich zur Reparatur in einer Fabrik befinden, nur der Eigentümer, nicht der Besitzer, ersatzberechtigt.

Die Gefahr des zufälligen Untergangs trägt: Der Käufer mit der Übergabe der verkauften Sache (§ 446 BGB.) oder mit der Übergabe der Sache an den Spediteur usw., wenn die Sache auf Verlangen des Käufers nach einem anderen Orte als dem Erfüllungsort versendet wird (§ 447 BGB.), der Gläubiger einer hinterlegten Sache, deren Rücknahme zulässig ist (§ 379 BGB.), der Gläubiger einer Gattungssache während seines Annahmeverzugs (§ 300 BGB.), der

Schuldner einer Geldforderung während der Übersendung des Geldes an den Wohnsitz des Gläubigers (§ 270 BGB.), derjenige, der zur Rückgabe einer Sache verpflichtet ist, die er einem anderen durch eine unerlaubte Handlung entzogen hat. (§ 848 BGB.), der Hersteller eines Werkes bis zur Abnahme des Werkes (§ 644 BGB.), der Pächter eines Grundstücks hinsichtlich des Inventars (§ 588 BGB.).

5. Sowohl dessen, der sofort getötet wird, als auch dessen, der später an den Folgen eines Leibesschadens stirbt. Der Tod muß aber mit dem Leibesschaden ursächlich zusammenhängen; dies ist auch dann der Fall, wenn eine schon vorher beim Verstorbenen vorhandene krankhafte Veranlagung durch den Leibesschaden ausgelöst und zu tödlichem Verlauf gebracht wird.

Überhaupt gelten für die Frage, ob zwischen Schaden und Schadensfolgen ein ursächlicher Zusammenhang besteht, die im bürgerlichen Recht entwickelten Grundsätze. (Vgl. Kommentar zum BGB. von Reichsgerichtsräten, Anm. 2 vor § 249).

6. Auch die Kinder des Beschädigten aus einer geschiedenen Ehe.

7. Auf Grund Anerkennung der Vaterschaft oder auf Grund rechtskräftigen Urteils. Da die Unterhaltspflicht des Vaters mit der Vollendung des 16. Lebensjahres des außerehelichen Kindes erlischt, sind uneheliche Kinder über 16 Jahre nicht mehr „Hinterbliebene" ihres Vaters im Sinne des § 2 Abs. 2 (vgl. § 1708 BGB.).

8. Gleichgültig ist, in welchem ehelichen Güterstand die Ehegatten gelebt haben. Auch der Mann, dessen Ehe aus alleinigem Verschulden der Frau geschieden ist, ist „Hinterbliebener", wenn er wegen Erwerbsunfähigkeit von seiner geschiedenen Frau ganz oder überwiegend unterhalten worden ist.

9. Die Eltern zählen nicht zu den Hinterbliebenen, selbst wenn sie erwerbsunfähig waren und von ihren Kindern unterhalten worden sind. Ihnen stehen daher Schadensersatzansprüche überhaupt nicht zu.

§ 3.

Wird Ersatz für Schäden an Grundstücken oder Gebäuden zugesprochen, so kann die Zahlung davon abhängig gemacht werden, daß die Wiederherstellung der Grundstücke oder Gebäude sichergestellt wird.[1]

1. Diese Vorschrift soll nach der Begründung des Gesetzes der Sicherung der dinglichen Gläubiger des Betroffenen dienen. Sie bezieht sich demgemäß nicht nur auf die Immobilien und ihre Bestandteile selbst, sondern auf alle Gegenstände, auf die sich das Recht des dinglichen Gläubigers erstreckt. Dies sind die getrennten Boden- und sonstigen Erzeugnisse des Grundstücks und das Zubehör (Maschinen einer Fabrik, das Vieh und das landwirtschaftliche Gerät eines Landgutes § 1120 BGB.).

Die Vorschrift lehnt sich an § 97 des Versicherungsvertragsgesetzes an. Die Sicherstellung kann entweder dadurch geschehen, daß entsprechend den §§ 232—240 BGB. Sicherheit geleistet wird. Oder es wird die Entschädigung in zwei oder drei Raten ausbezahlt, die erste zur Herbeischaffung der Materialien, die zweite nach Vollendung des Rohbaues, die letzte nach Fertigstellung des Gebäudes; in dieser Art pflegen öffentliche Versicherungsanstalten die Entschädigungen auszubezahlen.

Auch kann die Entschädigungssumme an einen anderen als den unmittelbar Beschädigten, z. B. an einen Vertrauensmann ausbezahlt werden, der dafür Sorge trägt, daß die Summe an den Beschädigten nur dann gelangt, wenn er das Gebäude usw. wieder herstellt

§ 4.

Bei Schäden an Leib und Leben wird dem Beschädigten Ersatz für die notwendigen Heilungskosten[1] und für die Einbuße an Erwerbsfähigkeit, den Hinterbliebenen ein Ausgleich der Nachteile ge währt, die ihnen durch den Fortfall des Ernährers entstanden sind.[3] Der Ersatz wird, soweit es sich nicht um Heilungskosten handelt, in Form einer monatlichen, im voraus zahlbaren Rente gewährt.[4] Die Rente darf nach Umfang und Dauer den Betrag nicht übersteigen, der dem Beschädigten oder den Hinterbliebenen des Verstorbenen nach den am 31. März 1920[5] geltenden Militärversorgungsgesetzen[6] zustehen würde, wenn der Beschädigte als Gemeiner eine durch den Krieg herbeigeführte Dienstbeschädigung erlitten hätte[7] oder wenn der Verstorbene als Gemeiner im Felde gefallen wäre.[8]

Als Höchstbetrag der Rente für ein uneheliches Kind gilt der für ein eheliches Kind vorgesehene Betrag.[9]

Einem beschädigten Kinde[10] wird die Rente für die Zeit nach Vollendung seines 14. Lebensjahres gewährt; für die Zeit vorher kann eine Rente gewährt werden, wenn das Kind infolge der Beschädigung einer besonderen Berufsausbildung oder dauernd besonderer Pflege und Wartung bedarf.[11]

Die Feststellung der Rente wird auf Antrag oder von Amts wegen aufgehoben oder abgeändert, soweit in den Verhältnissen, die für die Feststellung maßgebend waren, nachträglich eine wesentlich Änderung eingetreten ist.[12] Der Aufhebungs- oder Abänderungsbescheid hat den Zeitpunkt zu bestimmen, in dem er wirksam wird.

1. Heilungskosten:

Dazu gehören nicht nur die Arzt-, Apotheker- und Pflegekosten, sondern auch die Kosten für künstliche Gliedmaßen, für notwendige Kur- und Badeaufenthalte, für Aufwendungen, die der Linderung der Schmerzen dienen.

Wie ist die Rechtslage, wenn ein Dritter, etwa ein unterhaltspflichtiger Angehöriger die Heilungskosten einstweilen bezahlt hat?

Für Schadensersatzansprüche aus dem BGB. bestimmt § 843 Abs. 4 BGB.:

„Der Anspruch des Verletzten auf Ersatz der Heilungs- usw. Kosten wird nicht dadurch ausgeschlossen, daß ein anderer dem Verletzten Unterhalt zu gewähren hat.“

Auf Grund dieser Bestimmung ergibt sich im Bürgerl. Recht folgende Rechtslage, wenn ein Dritter (Unterhaltspflichtiger) die Arzt- usw. Kosten einstweilen bezahlt hat: entweder kann der Verletzte vom Täter selbst den Ersatz der Kosten verlangen mit der Begründung, daß er sie dem Dritten vergüten müsse; oder der Dritte kann in eigenem Namen vom Täter Ersatz verlangen, entweder aus dem Gesichtspunkte der Geschäftsführung ohne Auftrag oder aus dem der ungerechtfertigten Bereicherung. (Vgl. Kommentar der Reichsgerichtsräte zum BGB. § 843 Anm. 8).

§ 843 Abs. 4 BGB. gilt für das Aufruhrschädengesetz nicht; auch kennt dieses Gesetz keine dem § 843 Abs. 4 ähnliche Bestimmung. Wenn daher einem Aufruhrbeschädigten von dritter Seite (z. B. von seinen Eltern) die Heilungskosten bezahlt worden sind, hat weder der Aufruhrbeschädigte noch der Dritte einen Ersatzanspruch, ersterer weil er keinen Schaden mehr hat, letzterer, weil nach dem Gesetze nur der unmittelbar Verletzte zum Schadensersatz berechtigt ist. Die praktische Folge wird sein, daß die Unterhaltspflichtigen es vermeiden werden, dem Verletzten die Heilungskosten usw. zu bezahlen, um dem Verletzten seine Ansprüche gegen das Reich zu erhalten.

2. Nur der durch die Einbuße der Erwerbsfähigkeit wirklich erlittene Schaden wird ersetzt.

Ein Rentner, der von seiner Erwerbsfähigkeit keinen Gebrauch macht, erhält keinen Schadensersatz, wenn seine Erwerbsfähigkeit gemindert wird; ist er später gezwungen, von seiner Arbeitskraft Gebrauch zu machen, so kann er nach § 4 Abs. 4 Abänderungsantrag stellen.

Weitergehender Schadensersatz als Ersatz für die Heilungskosten und für die Einbuße an Erwerbsfähigkeit wird nicht gewährt, insbesondere nicht Ersatz für etwaigen Gewinnentgang, und nicht Schmerzensgeld.

3. Der Ersatzanspruch der Hinterbliebenen beschränkt sich auf den Ausgleich der Nachteile, die ihnen durch den Fortfall des Ernährers entstanden sind.

Damit ist gesagt, daß die Hinterbliebenen nur einen Anspruch auf Ersatz des ihnen entgehenden Unterhalts haben; sie haben keinen Anspruch auf Erstattung der Beerdigungskosten.

Eltern, die von ihren Kindern kraft der gesetzlichen Unterhaltspflicht unterhalten waren, haben keinen Ersatzanspruch, wenn sie durch den Verlust ihrer Kinder ihren Unterhalt verlieren, weil sie nicht „Hinterbliebene" im Sinne des § 2 Abs. 2 sind.

Eine dem § 845 des BGB. entsprechende Vorschrift, wornach der Ehemann Schadensersatz für den Ausfall der Dienstleistungen seiner Ehefrau und die Eltern für den Ausfall der Dienstleistungen ihrer Kinder beanspruchen können, kennt das Gesetz nicht.

4. Es kann sich die Notwendigkeit ergeben, auch die künftigen Heilungskosten in Gestalt einer Rente auszubezahlen, wenn nämlich der Verletzte dauernder Pflege und ärztlicher Behandlung bedarf. Auf diese Rente findet der letzte Satz des Abs. 1 keine Anwendung.

5. Auf die am 31. März 1920 geltenden Militärversorgungsgesetze wird deswegen Bezug genommen, weil das mit Wirkung vom 1. April 1920 in Kraft getretene Reichsversorgungsgesetz vom 12. Mai 1920 (RGBl. S. 989) auf Zivilpersonen nicht ohne weiteres anwendbar ist; die in Aussicht genommene Erhöhung der Sätze der am 31. März 1920 geltenden Militärversorgungsgesetze für Aufruhrbeschädigte bleibt einer späteren Regelung vorbehalten.

6. Die am 31. März 1920 geltenden Militärversorgungsgesetze sind das Mannschaftsversorgungsgesetz vom 31. Mai 1906 (RGBl. 1906 S. 497) mit den Änderungen vom 3. Juli 1913, ergänzt durch die VO. vom 31. Dez. 1918 (RGBl. 1919 S. 2 ff.), sowie das Militärhinterbliebenengesetz v. 17. Mai 1907 (RGBl. 1907 S. 214).

7. I. Die Rente eines Kriegsdienstbeschädigten, deren Höchstbetrag auch den Höchstbetrag der Rente eines Aufruhrbeschädigten bildet, setzt sich aus folgenden Beträgen zusammen:

a) Der eigentlichen Rente, welche für die Dauer völliger Erwerbsunfähigkeit als sogenannte Vollrente 540 *M* und bei teilweiser Erwerbsunfähigkeit als sogenannte „Teilrente" denjenigen in Hundertsteln auszudrückenden Teil der Vollrente beträgt, welcher dem Maße der Einbuße an Erwerbsfähigkeit entspricht (§ 9 MannschVersorgG.).

Zur Voll- oder Teilrente treten laut Verordnung vom 31. Dez. 1918 (RGBl. 1919 S. 2) folgende Rentenzuschläge:

Bei einer Erwerbsunfähigkeit von 10 % bis ausschließlich 33⅓ % ein Rentenzuschlag von 50 % der Teilrente,

bei einer Erwerbsunfähigkeit von 33⅓ % bis ausschließlich 50 % ein Rentenzuschlag von 75 % der Teilrente,

bei einer Erwerbsunfähigkeit von 50 % bis ausschließlich 100 % ein Rentenzuschlag von 100 % der Teilrente,

bei einer Erwerbsunfähigkeit von 100 % ein Rentenzuschlag von 100 % der Vollrente.

Ein zu 40 % Erwerbsunfähiger z. B. erhält demnach die Teilrente von 216 *M* und dazu einen Rentenzuschlag von 75 % dieser Teilrente, also von 162 *M*, somit zusammen 378 *M*.

Bei der Beurteilung, ob und in welchem Grade Erwerbsunfähigkeit besteht, ist unter Berücksichtigung des von dem Beschädigten vor dem Unfall ausgeübten

Berufes festzustellen, ob und wieweit er nach seinem nunmehrigen Zustande fähig ist, sich in seinem früheren Berufe und, falls er diesen aufgeben muß, auf den seiner Vorbildung und seinen bisherigen Lebensverhältnissen entsprechenden Gebieten des wirtschaftlichen Lebens Erwerb zu verschaffen. Hat der Beschädigte keinen besonderen Beruf ausgeübt, so erfolgt die Beurteilung nach der allgemeinen Erwerbsfähigkeit, d. h. es wird festgestellt, um wieviel die körperliche und geistige Befähigung zur gewöhnlichen auf Erwerb gerichteten Arbeit und deren Ausnützung im wirtschaftlichen Leben beeinträchtigt ist.

Für die Annahme völliger Erwerbsfähigkeit ist in allen Fällen erforderlich, daß der Beschädigte seine Arbeitsfähigkeit, sei es im Beruf, sei es allgemein auf dem Arbeitsmarkte, voll ausnutzen kann. Die Tatsache, daß der Beschädigte seinen besonders erlernten Beruf nicht mehr ausüben kann, begründet nicht die Annahme völliger Erwerbsunfähigkeit, wenn der Beschädigte in der Lage bleibt, einen anderen Beruf ganz oder teilweise auszuüben.

Teilweise Erwerbsfähigkeit liegt bei denjenigen Personen vor, die in ihrer Erwerbsfähigkeit um 10—90 % beeinträchtigt sind.

Unterschiede in der Schätzung von nur 5 % oder weniger sollen im allgemeinen für die prüfenden Stellen und bei Nachuntersuchungen keinen Anlaß zur Änderung der Rentenfestsetzung abgeben.

Völlige Erwerbsunfähigkeit liegt vor bei Personen, die auch nach Abschluß der Behandlung um mehr als 90 % in ihrer Erwerbsfähigkeit beeinträchtigt oder überhaupt zu jeder Arbeit unfähig sind, ferner, wenn mit der Wiederaufnahme der Arbeit auch bei Beobachtung der erforderlichen Vorsicht eine unmittelbare Gefahr für den Körperzustand verbunden oder eine Verschlimmerung des Leidens zu gewärtigen ist, dann bei Personen, die geisteskrank sind und dabei ständiger Beaufsichtigung bedürfen und endlich, wenn wegen Verstümmelung oder Verlust von Gliedmaßen und Sinneswerkzeugen fremde Pflege und Wartung erforderlich ist; bei Verstümmelten ist jedoch die Wirkung künstlicher Hilfsmittel (künstlicher Glieder) mit in Betracht zu ziehen.

Diese für die Beurteilung des Grades der Erwerbsfähigkeit von Kriegsdienstbeschädigten geltenden Grundsätze (§ 4 MannschVersorgG.) sind für die Aufruhrbeschädigten sinngemäß anzuwenden.

Ein zu 50 % erwerbsfähiger Aufruhrbeschädigter wird demnach keine höhere Rente erhalten als ein zu 50 % erwerbsfähiger Kriegsdienstbeschädigter.

b) der Verstümmelungszulage (§ 13 MannschVersorgG.); sie beträgt bei dem Verlust einer Hand, eines Fußes, der Sprache, des Gehörs auf beiden Ohren monatlich je 27 ℳ und bei Verlust oder Erblindung beider Augen monatlich je 54 ℳ; letzterenfalls kann sie bis zum Betrage von 81 ℳ monatlich erhöht werden (VO. vom 31. Dez. 1918).

Die Verstümmelungszulage von je 27 ℳ kann ferner bewilligt werden bei Störung der Bewegungs- und Gebrauchsfähigkeit einer Hand, eines Armes, eines Fußes oder Beines, wenn die Störung so hochgradig ist, daß sie dem Verluste des Gliedes gleich zu achten ist, ferner bei Verlust oder Erblindung eines Auges (VO. vom 31. Dez. 1918), bei anderen schweren Gesundheitsstörungen, wenn sie fremde Pflege und Wartung nötig machen (§ 13 Abs. 3), endlich bei schweren Entstellungen des Gesichts und bei Verlust der Zeugungsorgane (VO. vom 31. Dez. 1918).

Wird durch eine der vorstehend angegebenen Gesundheitsbeschädigungen schweres Siechtum verursacht in dem Grade, daß der Verletzte dauernd an das Krankenlager gefesselt ist, oder besteht die Gesundheitsschädigung in Geisteskrankheit, so kann die einfache Verstümmelungszulage bis zum Betrage von 81 ℳ monatlich erhöht werden (§ 13 Abs. 4 und VO. vom 31. Dez. 1918).

Liegen mehrere Gründe für die Gewährung der Verstümmelungszulage vor, z. B. Verlust eines Armes, eines Beines und eines Auges, so wird die Verstümmelungszulage mehrfach gewährt.

Daß bei der Berechnung der Höchstgrenze der Rente eines Aufruhrbeschädigten auch die Verstümmelungszulage mit einzurechnen ist, ergibt sich aus der Begründung zu § 4 des Gesetzes; hier heißt es, daß der Aufruhrbeschädigte nicht besser gestellt werden dürfe, als der Soldat, der vor dem Feind in seiner Gesundheit geschädigt oder verstümmelt worden ist; damit wird auf die „Verstümmelungszulage" hingewiesen.

c) der Kriegszulage von monatlich 15 *M*, die jedem Rentenempfänger gewährt wird, dessen Erwerbsfähigkeit durch den Krieg aufgehoben oder gemindert ist (§ 14 MannschVersorgG.).

d) der Alterszulage; erreicht das jährliche Gesamteinkommen eines Empfängers der Kriegszulage nicht 600 *M*, so kann ihm vom ersten Tage des Monats ab, in welchem er das 55. Lebensjahr vollendet, eine Alterszulage bis zur Erreichung dieses Betrages gewährt werden. Die Zulage kann bereits früher gewährt werden, wenn dauernde völlige Erwerbsunfähigkeit festgestellt worden ist (§ 26 MannschVersorgG.).

Unter Gesamteinkommen ist jede Art von Einkommen zu verstehen, ohne Rücksicht auf die Quelle, aus der es fließt.

II. Für die Dauer der Rente eines Kriegsbeschädigten, die gleichfalls als Höchstgrenze für die Dauer der Rente eines Aufruhrbeschädigten maßgebend ist, gilt folgendes:

Die Gesamtrente (bestehend aus Rente, Verstümmelungszulage, Kriegszulage und Alterszulage) erlischt, wie man in analoger Anwendung des § 33 MannschVersorgG. annehmen muß, durch rechtskräftige Verurteilung zu Zuchthausstrafe wegen Hochverrats, Landesverrats, Kriegsverrats oder wegen Verrats militärischer Geheimnisse; sie ruht während eines gerichtlichen Verfahrens wegen der genannten Verbrechen (§ 35 MannschVersorgG.).

Bei allen Reichs-, Staats- und Kommunalbeamten ruhen während der Dauer der staatlichen usw. Anstellung alle Teilrenten unter 20 % der Vollrente und außerdem die 60 % der Vollrente übersteigenden Rententeile, so daß z. B. einem Beamten, dem eine Teilrente von 80 % gebührt, nur der zwischen 20 und 60 % liegende Teil, also nur 40 % der Vollrente ausbezahlt werden (§ 36 Abs. 1 Ziff. 3 und Abs. 2 des MannschVersorgG.). Bei Pensionisten ruht die Rente insoweit, als Pension und zuerkannte Rente zusammen den in der zuletzt bekleideten Stelle erreichbaren Höchstpensionsbetrag oder, wenn es für den Pensionisten günstiger ist, soweit als die tatsächlich verdiente Pension und die bei einem aktiven Beamten nicht ruhenden Rententeile (das sind, wie oben gezeigt, Teilrenten zwischen 20 und 60 % der Vollrente) zusammen den Betrag von 2000 ℳ übersteigen (§ 36 Abs. 1 Ziff. 4 MannschVersorgG.).

Verstümmelungszulage, Kriegszulage und Alterszulage ruhen bei Beamten und Pensionisten nicht; es ruhen nur Teile der eigentlichen „Vollrente" oder „Teilrente" nebst den Rentenzuschlägen der VO. vom 31. Dez. 1918.

8. I. Die Rente einer Witwe oder eines erwerbsunfähigen Witwers, dessen Ehefrau ihn ganz oder überwiegend aus ihrem Arbeitsverdienst unterhalten hatte (§ 2 Abs. 2 letzter Satz), darf nur den Höchstbetrag der Rente einer Kriegerswitwe beziffern. Die Rente einer Kriegerswitwe setzt sich aus folgenden Teilen zusammen:

a) Aus dem allgemeinen Witwengeld von jährlich 300 ℳ (§ 13 des MilHintG.). War die Witwe mehr als 15 Jahre jünger als der Verstorbene, so wird das Witwengeld für jedes angefangene Jahr des Altersunterschiedes über 15 bis einschließlich 25 Jahre um $^1/_{20}$ gekürzt; nach fünfjähriger Dauer der Ehe wird für jedes angefangene Jahr ihrer weiteren Dauer dem gekürzten Betrag $^1/_{10}$ des berechneten Witwengeldes so lange hinzugesetzt, bis der volle Betrag wieder erreicht ist (§ 36 MilHintG.). Keinen Anspruch auf Witwengeld hat die Witwe, wenn die Ehe mit dem Verstorbenen innerhalb dreier Monate vor seinem Ableben geschlossen worden und die Eheschließung zu dem Zwecke erfolgt ist, um der Witwe den Bezug des Witwengeldes zu beschaffen (§ 8 MilHintG.). Dieser Fall liegt z. B. vor, wenn ein durch den Aufruhr lebensgefährlich Verletzter rasch noch heiraten würde, um seiner Witwe das Witwengeld zu verschaffen.

b) Aus dem Kriegswitwengeld, das jährlich 100 ℳ beträgt, wenn der Witwe das allgemeine Witwengeld von 300 ℳ oder eine sonstige Witwenpension aus einer Anstellung des Verstorbenen im Reichs-, Staats- oder Kommunaldienst in mindestens der Höhe von 300 ℳ zusteht; steht ihr aus den unter a) angegebenen Gründen das allgemeine Witwengeld oder eine gleichwertige Pension nicht zu, dann beträgt das Kriegswitwengeld 400 ℳ jährlich (§ 20 MilHintG.).

II. Die Rente für eine Waise besteht aus:

a) dem allgemeinen Waisengeld, das für einfache Waisen $^1/_5$, für Doppelwaisen und einfache Waisen, deren überlebender Elternteil zum Bezug von Witwengeld nicht berechtigt ist, $^1/_3$ des Witwengeldes beträgt (§ 14 und § 3 MilHintG.).

b) dem Kriegswaisengeld von jährlich 108 ℳ für einfache, und 140 ℳ für Doppelwaisen, wenn das allgemeine Waisengeld oder ein sonstiges Waisengeld aus einer Anstellung des Verstorbenen im Reichs-, Staats- oder Kommunaldienst in der gleichen Höhe wie als allgemeines Waisengeld zusteht; steht ein solches nicht zu, dann beträgt das Kriegswaisengeld für einfache Waisen 168 ℳ, für Doppelwaisen 240 ℳ (§ 21 MilHintG.).

Diese Höchstsätze gelten auch für die Waisen der durch den Aufruhr verstorbenen Witwen und ledigen Frauenspersonen, sowie für Waisen, deren beide Eltern durch den Aufruhr verstorben sind.

III. Für die Dauer des Witwen- und Waisengeldes gilt folgendes:

Das gesamte Witwen- und Waisengeld erlischt für jeden Berechtigten mit dem Ablaufe des Monats, in dem er sich verheiratet oder stirbt; für jede Waise außerdem mit dem Ablaufe des Monats, in dem sie das 18. Lebensjahr vollendet (§ 30 MilHintG.).

Das allgemeine Witwen- und Waisengeld (nicht auch das Kriegs-Witwen- und Waisengeld) ruht neben dem Bezug einer entsprechenden Pension aus einer Anstellung des Verstorbenen im Reichs-, Staats- oder Kommunaldienst; ist die Witwe oder Waise selbst im Reichs-, Staats- oder Kommunaldienst angestellt und bezieht die Witwe hieraus ein Einkommen von mehr als 2000 ℳ, die Waise von mehr als 1000 ℳ, so ruht das Witwen- und Waisengeld in der Höhe des Mehrbetrags (§ 31 MilHintG.).

Beispiel: Eine Kriegerswitwe erhält eine Anstellung im Gemeindedienst und bezieht 2100 ℳ Gehalt. Sie erhält 100 ℳ Kriegswitwengeld und 200 ℳ allgemeines Witwengeld; ein Teil von 100 ℳ des allgemeinen Witwengeldes ruht, weil ihr Gehalt um 100 ℳ den Betrag von 2000 ℳ übersteigt.

Endlich ruht das Recht auf den Bezug des Witwengeldes neben einer im Reichs- und Staats- oder Gemeindedienst erdienten Pension der Witwe über 1500 ℳ in Höhe des Mehrbetrags (§ 32 MilHintG.). Würde z. B. die Witwe als pensionierte Beamtin eine Pension von 1800 ℳ beziehen, so würde das gesamte allgemeine Witwengeld ruhen.

IV. Den Eltern und Großeltern der im Kriege Gefallenen kann nach § 28 MilHintG. das sog. „Kriegselterngeld" bewilligt werden. Da aber nach § 2 des Aufruhrschadengesetzes die Eltern nicht zu den Hinterbliebenen im Sinne dieses Gesetzes zählen, können die Eltern der bei einem Aufruhr Getöteten irgendwelche Ersatzansprüche überhaupt nicht geltend machen.

9. Doch kann ein uneheliches Kind beim Tode seines Vaters die Rente nur bis zum Ablaufe des 16. Lebensjahres beanspruchen, weil von da an keine Unterhaltspflicht des Vaters mehr besteht, und daher dem Kinde von da an ein Nachteil nicht mehr erwächst.

10. Das heißt einem unmittelbar beschädigten, körperlich verletzten Kinde.

11. Der Satz: „Für die Zeit vorher kann eine Rente gewährt werden, wenn das Kind infolge der Beschädigung . . . . . . dauernd besonderer Pflege und Wartung bedarf" versteht sich eigentlich von selbst; denn die Kosten für Pflege und Wartung zählen zu den Heilungskosten und die Heilungskosten laufen selbständig neben der Rente einher; sie werden auch Kindern unter 14 Jahren gewährt.

12. Auch wenn ursprünglich eine Rente überhaupt nicht zugebilligt wurde, kann später, wenn die Voraussetzungen für eine Rente eingetreten sind, eine Rente festgestellt werden.

§ 5.

Wenn bei der Entstehung[1] des Schadens ein Verschulden[2] eines Betroffenen[3] mitgewirkt hat, so findet § 254 des Bürgerlichen Gesetzbuchs[4] Anwendung.

Wer wissentlich falsche Angaben bei Aufstellung seiner Schadensberechnung macht, geht seines Schadensersatzanspruchs verlustig.

1. Bei der Entstehung des Schadens muß ein Verschulden mitgewirkt haben.

Das Gesetz sagt nicht, was es unter „Entstehung" des Schadens verstanden haben will.

Man darf daher zur Auslegung dieses Begriffs auf § 254 BGB. zurückgreifen; denn einerseits enthält § 254 die für das gesamte bürgerliche Recht gültigen Grundgedanken über die Bewertung mitwirkenden Verschuldens, anrererseits lehnt sich § 5 des Aufruhrschädengesetzes in seinem Wortlaut dem ersten Satz des § 254 an. Unter dem Begriff: „Entstehung des Schadens" ist nicht nur die schädigende Handlung, das Ereignis, welches den Ausgangspunkt für die Haftung darstellt, sondern auch die weitere Entwicklung des Schadens von seinem ersten Auftreten an zu verstehen (Staudinger § 254 Anm. 2b). § 254 sagt in Abs. 2 ferner, daß ein mitwirkendes Verschulden des Beschädigten auch dann gegeben sei, wenn er es schuldhaft unterlassen hat, den Schaden abzuwenden oder zu mindern. Diese Bestimmung des Absatzes 2 ist nach der herrschenden Rechtsprechung und Rechtslehre nur als eine Erläuterung zu dem in Absatz 1 ausgesprochenen allgemeinen Grundsatz zu betrachten.

Unter „Entstehung des Schadens" im Sinne des Aufruhrschädengesetzes ist daher ebenso wie im bürgerlichen Recht auch die weitere Entwicklung des Schadens zu verstehen, so daß als Verschulden bei der Entstehung des Schadens auch der Fall anzusehen ist, daß der Beschädigte es vorsätzlich oder fahrlässig unterlassen hat, den bereits entstandenen Schaden abzuwenden oder zu mindern.

§ 254 BGB. ist nicht nur dann anwendbar, wenn der Betroffene selbst Teilnehmer des Aufruhres war, sondern auch dann, wenn z. B. ein geschädigter Ladeninhaber es unterlassen hat, seinen Laden zu schließen und die Rolläden an seinen Schaufenstern herabzulassen, obwohl er wußte, daß ein Straßenauflauf zu befürchten sei; ferner wenn der Betroffene die Aufrührer durch herausforderndes Benehmen sinnlos provoziert hat; oder wenn er sich ohne Not auf die Straße begeben hat, obwohl dort geschossen wurde; wenn er sich vom Ort eines Straßenkampfes nicht entfernt hat (soweit er nicht zur Abwehr der Aufrührer am Kampf teilnahm); wenn er sich nach einer beim Aufruhr erlittenen körperlichen Verletzung nicht oder nicht rechtzeitig in ärztliche Behandlung begeben hat, so daß sich der Schaden verschlimmert; wenn er ohne triftigen Grund eine ärztliche Operation abgelehnt hat, so daß sich sein Gesundheitszustand verschlimmert oder wenigstens nicht gebessert hat (vgl. im einzelnen Reichsgerichtskommentar § 254 Anm. 2 und Anm. 7 a).

2. Verschulden ist Vorsatz oder Fahrlässigkeit. Fahrlässig handelt, wer die im Verkehr erforderliche Sorgfalt außer acht läßt (§ 276 BGB.).

Ein Verschulden des Betroffenen setzt voraus, daß er „deliktsfähig" im Sinne des Bürgerlichen Gesetzbuches ist. Deliktsunfähig ist, wer sich im Zustande der Bewußtlosigkeit oder in einem die freie Willensbestimmung ausschließenden Zustande krankhafter Störung der Geistestätigkeit befunden hat, als er bei der Entstehung seines Schadens mitwirkte (§ 827 BGB.).

Deliktsunfähig sind Kinder unter 7 Jahren, nur beschränkt deliktsfähig Kinder zwischen 7. und 18. Lebensjahr und Taubstumme (§ 828).

Wegen der Einzelheiten ist auf die Erläuterungen zu diesem Paragraphen in den Kommentaren zum Bürgerlichen Gesetzbuche zu verweisen.

In die Praxis übertragen hat dies folgende Bedeutung: Unzurechnungsfähige und Kinder haben einen Ersatzanspruch auch dann, wenn sie ihren Schaden mitverursacht haben, weil sie für ihr ungeschicktes oder leichtfertiges Verhalten nicht verantwortlich gemacht werden können.

Über die Frage, ob sich Kinder usw. ein Verschulden ihrer gesetzlichen Vertreter anrechnen lassen müssen, vgl. Anm. 3b.

3. a) Das Verschulden eines Betroffenen: Die Begründung zum Gesetzentwurf sagt: „Hiernach schließt z. B. ein Verschulden des Verstorbenen die Ansprüche seiner Hinterbliebenen aus."

Dies ist aber durchaus nicht selbstverständlich, wie die Begründung zum Gesetzentwurf zu meinen scheint. Als „Betroffene", denen Schadensersatzansprüche gegen das Reich aus eigenem Recht zustehen, gelten im Falle der Tötung nach § 2 Abs. 2 die Hinterbliebenen. § 5 bestimmt nur, daß § 254 BGB. Anwendung findet, wenn den Betroffenen mitwirkendes Verschulden trifft. Wenn nun beispielsweise die Hinterbliebenen eines getöteten Aufrührers für ihre Person schuldlos sind, stehen ihnen nach dem Wortlaut des Gesetzes ganz zweifellos Schadensersatzansprüche zu. Es fehlt im Gesetz eine dem § 846 BGB. entsprechende Bestimmung, daß die Hinterbliebenen ein mitwirkendes Verschulden des Verstorbenen gegen sich gelten lassen müssen.

Will man den § 5 des Gesetzes so handhaben, wie er nach seinem Wortlaut eigentlich gehandhabt werden muß, so werden die Hinterbliebenen eines getöteten Aufrührers lebenslänglich eine Rente vom Reich beanspruchen können.

Andererseits heißt es in der Begründung ausdrücklich, daß das Verschulden eines Verstorbenen die Ansprüche seiner Hinterbliebenen ausschließe. Es bleibt abzuwarten, ob die Rechtsprechung dem Wortlaut des Gesetzes einigen Zwang antun, und den Grundgedanken des § 846 BGB. auf das Gesetz anwenden wird.

b) Das Gesetz trifft keine ausdrückliche Bestimmung darüber, ob der Betroffene sich ein Verschulden seines gesetzlichen Vertreters oder seiner Angestellten anrechnen lassen muß.

Beispiel: Ein Kind, das von seinen Eltern leichtsinnigerweise bei einem Straßenkampf mit auf die Straße genommen wird, wird durch einen Schuß verletzt; oder der Inhaber eines Lebensmittelgeschäftes erleidet dadurch einen Schaden, daß durch die vom Verkäufer leichtsinnigerweise nicht versperrte Ladentüre eine plündernde Menge in den Laden eindringt. Muß das Kind das Verschulden seiner Eltern, der Geschäftsinhaber das Verschulden seines Angestellten gegen sich gelten lassen? Durch den Hinweis des Gesetzes auf § 254 BGB. dürften in solchen Fällen die Grundsätze des Bürgerlichen Gesetzbuches anzuwenden sein. Diese Grundsätze sind folgende:

Nach § 254 Abs. 2 Satz 2 muß sich der Betroffene ein Verschulden seines gesetzlichen Vertreters dann anrechnen lassen, wenn sich das Verschulden darauf beschränkt, daß der gesetzliche Vertreter es unterlassen hat, den Schaden abzuwenden oder zu mindern. Dagegen braucht er sich ein Verschulden seines gesetzlichen Vertreters, das bei der Entstehung des Schadens mitgewirkt hat, nicht anrechnen zu lassen; z. B.: Das Kind muß es gegen sich gelten lassen, wenn seine Eltern es versäumt haben, es rechtzeitig in gute ärztliche Behandlung zu geben. Dagegen muß es nicht gegen sich gelten lassen, wenn seine Eltern es leichtsinnigerweise mit auf die Straße genommen und auf diese Weise die Entstehung des Schadens mitverschuldet haben. Diese

Verschiedenheit entbehrt der inneren Begründung; sie hängt nur mit der äußeren Fassung des § 254 BGB. zusammen (vgl. hierüber Kommentar von Reichsgerichtsräten § 254 Anm. 3, Staudinger § 254 Anm. 5).

Ein Verschulden seines Angestellten muß sich der Betroffene dann nicht anrechnen lassen, wenn er nachzuweisen vermag, daß er bei dessen Auswahl die im Verkehr erforderliche Sorgfalt beobachtet hat (§ 254 mit 831 BGB.), d. h. er braucht sich das Verschulden des Angestellten nicht anrechnen zu lassen, wenn er nachzuweisen vermag, daß sein Angestellter so vernünftig und besonnen war, daß er von ihm erwarten durfte, er werde bei einem Straßenauflauf alle möglichen Vorkehrungen treffen, um zu verhindern, daß die Menschenmenge in den Laden eindringe (vgl. auch hiezu Reichsgerichtskommentar § 254 Anm. 3, Staudinger § 831 Anm. 6d).

4. § 254 des Bürgerlichen Gesetzbuches lautet:

„Hat bei der Entstehung des Schadens ein Verschulden des Beschädigten mitgewirkt, so hängt die Verpflichtung zum Ersatze sowie der Umfang des zu leistenden Ersatzes von den Umständen, insbesondere davon ab, inwieweit der Schaden vorwiegend von dem einen oder dem anderen Teile verursacht worden ist.

Dies gilt auch dann, wenn sich das Verschulden des Beschädigten darauf beschränkt, daß er unterlassen hat, den Schuldner auf die Gefahr eines ungewöhnlich hohen Schadens aufmerksam zu machen, die der Schuldner weder kannte noch kennen mußte, oder daß er unterlassen hat, den Schaden abzuwenden oder zu mindern. Die Vorschrift des § 278 findet entsprechende Anwendung."

III. Verfahren.

§ 6.

Über den Ersatzanspruch, sowie über die Aufhebung und die Abänderung der Feststellung der Rente (§ 4 Abs. 4) entscheidet ein Ausschuß.[1] Der Anspruch ist bei diesem vom Betroffenen[2] anzumelden. Bei Schäden an beweglichen und unbeweglichen Sachen kann die Anmeldung auch durch den dinglich Berechtigten[3] erfolgen.

Die Anmeldung des Anspruchs muß binnen einer Ausschlußfrist[4] von drei Monaten seit dem Eintritt[5] des Schadens erfolgen. Ist die Frist ohne Verschulden[6] des Beteiligten[7] versäumt worden, so kann der Ausschuß Wiedereinsetzung in den vorigen Stand bewilligen. Der Antrag auf Wiedereinsetzung in den vorigen Stand[8] ist binnen zweier Wochen nach Beseitigung des Hindernisses bei dem Ausschuß anzubringen.

Gegen die Entscheidungen des Ausschusses findet binnen einem Monat nach der Zustellung[9] die Beschwerde[10] an das Reichswirtschaftsgericht[11] statt.

Die Ausschüsse werden von den Landeszentralbehörden nach Bedarf errichtet. Den Vorsitz im Ausschuß muß eine zum Richteramt oder höheren Verwaltungsdienst befähigte Person führen. Im übrigen erläßt die Reichsregierung mit Zustimmung des Reichsrats die Vorschriften über die Zusammensetzung der Ausschüsse und des Reichswirtschaftsgerichts sowie über das Verfahren.[12]

Das Verfahren vor den Ausschüssen und vor dem Reichswirtschaftsgericht ist kostenfrei.[13]

1. Für die Ansprüche aus dem Aufruhrschädengesetz ist also der Rechtsweg bei den bürgerlichen Gerichten ausgeschlossen.

Dagegen bleiben für die Geltendmachung von Schadensersatzansprüchen gegen das Reich oder den Staat wegen Amtspflichtverletzungen der Beamten (vgl. § 11 Anm. 2c) die bürgerlichen Gerichte zuständig. Wenn der Ersatzanspruch für einen Revolutions- oder Aufruhrschaden nicht auf das Aufruhrschädengesetz, sondern auf die Haftpflicht der Beamten gestützt wird, ist Klage vor den bürgerlichen Gerichten zu erheben.

Die ordentlichen Gerichte entscheiden ferner über Ansprüche des Geschädigten nach dem bürgerlichen Recht und nach den bisherigen Tumultgesetzen gegen die Täter, Anstifter und dergl. (vgl. § 11 Anm. 2 a).

Über die Ausschüsse handeln die §§ 1 mit 10 der Ausführungs-Bestimmungen vom 15. September 1920. Die Ausschüsse bestehen aus sieben Mitgliedern.

Bezüglich der örtlichen Zuständigkeit vgl. § 9 der Ausführungsbestimmungen vom 15. September 1920.

Sind mehrere Ausschüsse örtlich zuständig, so entscheidet der Präsident des Reichswirtschaftsgerichts (§ 10 der Ausf.-Best.).

2. Siehe § 2 Abs. 2; die Anmeldung kann auch durch einen Bevollmächtigten oder Vertreter des Betroffenen geschehen.

Jeder Antragsberechtigte kann sich in jeder Lage des Verfahrens diesem durch schriftliche Erklärung anschließen (§ 13 der Ausf.-Best. vom 15. Sept. 1920).

3. Der dinglich Berechtigte ist:

a) bei beweglichen Sachen: Der Besitzer (§ 861 BGB.), der Nießbraucher (§ 1030 BGB.), der Pfandgläubiger (§ 1204 BGB.);

b) bei unbeweglichen Sachen: Der Erbbauberechtigte (VO. v. 15. Jan. 1919 RGBl. S. 72), der Servitutberechtigte (§ 1018 BGB.), der Verkaufsberechtigte (§ 1094 BGB.), der Hypothek- und Grundschuldgläubiger (§§ 1113, 1191 BGB.).

Der dinglich Berechtigte meldet die Forderung für den Eigentümer an.

4. Die „Ausschlußfrist“ ist zu unterscheiden von der Verjährung. Bei der Ausschlußfrist ist eine Unterbrechung oder Hemmung der Frist ausgeschlossen. Die Ausschlußfrist hat die Bedeutung, daß nach ihrem Ablauf der Anspruch nicht mehr rechtswirksam angemeldet werden kann. Die rechtzeitige Anmeldung ist die Voraussetzung für die Zubilligung von Schadensersatz (vgl.

über Begriff und Wesen der „Ausschlußfrist" Reichsgerichtskommentar § 186 Anm. 1).

5. Seit dem Eintritt des Schadens, nicht seit der Kenntnis des Betroffenen vom Eintritt des Schadens. Wenn also ein auswärts Wohnender erst später als 3 Monate von dem Eintritt des Schadens Kenntnis erhält, so ist er nach dem Wortlaut des Gesetzes mit seinem Schadensersatzanspruch ausgeschlossen. Diese Bestimmung kann zu unerträglichen Härten führen, wenn nicht in Fällen unverschuldeter Nichtkenntnis der Ausschuß regelmäßig von seiner Befugnis zur Wiedereinsetzung in den vorigen Stand Gebrauch macht. Es ist zu wünschen, daß die Ausschüsse in der Praxis die strengen Folgerungen aus dem Wortlaut des Gesetzes mildern.

Bei Körperverletzungen kommt es nicht selten vor, daß längere Zeit darnach eine unvorhersehbare Verschlimmerung des Schadens eintritt; in solchen Fällen beginnt hinsichtlich des durch die Verschlimmerung entstandenen Schadens die Ausschlußfrist erst mit dem Eintritt der Verschlimmerung zu laufen.

6. Im Zivilprozeß ist gemäß § 233 ZPO. die Wiedereinsetzung in den vorigen Stand zu erteilen, wenn eine Partei durch Naturereignisse oder andere unabwendbare Zufälle verhindert war, eine Notfrist einzuhalten. Das gegenwärtige Gesetz schreibt dagegen nur vor, daß die Frist ohne Verschulden versäumt worden sein muß; das gegenwärtige Gesetz steckt also für die Wiedereinsetzung in den vorigen Stand einen weiteren Rahmen als die Zivilprozeßordnung.

7. Unter „Beteiligten" dürfte derjenige zu verstehen sein, der den Anspruch angemeldet hat, also entweder der Betroffene selbst, oder sein Bevollmächtigter oder Vertreter. Der Anspruch geht dem Betroffenen nach dem Wortlaute des Gesetzes auch dann verloren, wenn die verspätete Anmeldung auf dem Verschulden seines Vertreters beruht, ohne daß den Betroffenen persönlich ein Verschulden trifft.

8. Vgl. §§ 233 ff. der Zivilprozeßordnung und § 18 der Ausf.-Ver. vom 15. Sept. 1920. Mit dem Antrag auf Wiedereinsetzung in den vorigen Stand ist die Anmeldung des Schadens zu verbinden. Durch den Beschluß, durch welchen die Wiedereinsetzung in den vorigen Stand bewilligt wird, wird gleichzeitig festgestellt, daß die Anmeldung als rechtzeitig geschehen zu betrachten ist.

9. Der Tag der Zustellung wird nicht mitgerechnet. Über die Form der Zustellung vgl. § 17 der Ausf.-Best. vom 15. Sept. 1920.

10. Hiezu sagen die Ausführungsbestimmungen vom 15. Sept. 1920: Die Beschwerde wird schriftlich beim Reichswirtschaftsgericht oder beim Ausschuß eingereicht (§ 42).

Die Begründung der Beschwerde kann nach Ablauf der Beschwerdefrist vorgelegt werden. Der Vorsitzende kann dem Beschwerdeführer zur schriftlichen Rechtfertigung seiner Beschwerde eine Frist von mindestens zwei Wochen bestimmen. Die Frist kann auf Antrag verlängert werden (§ 44). Ist die Beschwerde nicht schon mit der Einlegung begründet worden und wird dem Beschwerdeführer eine Frist zur Begründung nicht gesetzt, so wird über die Beschwerde trotzdem sachlich entschieden. Die Entscheidung des Ausschusses kann nur insoweit abgeändert werden, als sie mit der Beschwerde angefochten ist (§ 45). Insoweit die Beschwerde für begründet erachtet wird, hat das Reichswirtschaftsgericht in der Sache anderweitig zu entscheiden. Leidet das Verfahren an dem rechtlichen Mangel, so kann das Reichswirtschaftsgericht den Bescheid aufheben und die Sache zur nochmaligen Verhandlung und Entscheidung zurückverweisen; die rechtliche Beurteilung durch das Reichswirtschaftsgericht ist für das weitere Verfahren bindend (§ 46). Die Beschwerde kann sowohl darauf gestützt werden, daß die Entscheidung des Ausschusses in tatsächlicher, als auch darauf, daß sie in rechtlicher Hinsicht unrichtig sei. Neue Tatsachen können vorgebracht werden.

Beruht der Bescheid des Ausschusses auf einem offensichtlichen Versehen, so findet nicht Beschwerde, sondern ein Berichtigungsverfahren statt (§ 41).

11. Das Reichswirtschaftsgericht hat seinen Sitz in Berlin; es ist ins Leben gerufen durch die VO. über die Sicherstellung von Kriegsbedarf vom 24. Juni 1915 (RGBl. S. 357; neu gefaßt durch die VO. vom 26. April 1917, RGBl. S. 375 und vom 17. Jan. 1918, RGBl. S. 37). Über seinen Wirkungskreis vgl. einen Aufsatz von Schröder in der Jur. Wochenschrift 1919 S. 962.

12. Dies ist geschehen mit Verordnung, betr. das Verfahren zur Feststellung der Entschädigungen auf Grund des Gesetzes über die durch innere Unruhen verursachten Schäden vom 15. Sept. 1920, RGBl. S. 1647. Die wichtigsten Bestimmungen dieser Verordnung über das Verfahren sind folgende:

Das Verfahren zu betreiben, liegt den Ausschüssen ob (§ 12). Rechtsanwälte sind zugelassen (§ 14). Auf Antrag eines Beteiligten findet mündliche Verhandlung statt (§ 23), doch ist die mündliche Verhandlung nicht öffentlich (§ 26). Wird mündliche Verhandlung nicht beantragt, oder nicht von Amts wegen angeordnet (§ 23 Abs. 1), so sind die Beteiligten schriftlich zu hören (§ 28). Der Ausschuß kann Zeugen und Sachverständige eidlich vernehmen und vom Betroffenen die Vorlage seiner Bücher verlangen (§ 31). Die Beteiligten dürfen an die Zeugen und Sachverständigen unmittelbar Fragen richten (§ 35). Der Ausschuß kann vom Betroffenen eidesstattliche Versicherung der Richtigkeit seiner Angaben verlangen (§ 37).

13. Das „Verfahren ist kostenfrei“ heißt, daß dem Antragsteller für das Verfahren keine Kosten erwachsen sollen. Demnach muß angenommen werden, daß ihm die zur zweckentsprechenden Rechtsverfolgung notwendigen Kosten und Auslagen (§ 91 ZPO.) vom Reich erstattet werden und zwar auch dann, wenn er mit seinem Antrag unterliegt. Die Kosten eines Rechtsanwalts sind dann erstattungsfähig, wenn der Fall tatsächlich oder rechtlich nicht so einfach gelagert war, daß die Beiziehung eines Rechtsanwalts zur zweckentsprechenden Rechtsverfolgung überflüssig erschien.

Die Kosten des Verfahrens sind vom Reich zu $^6/_{12}$, vom Land zu $^4/_{12}$ und von der beteiligten Gemeinde zu $^2/_{12}$ zu tragen (§ 10).

§ 7.

Bei den Ausschüssen und beim Reichswirtschaftsgericht ernennt der Reichsminister des Innern Vertreter des Reichsinteresses, die seinen Anweisungen nachzukommen haben. Die Länder und Gemeinden können ebenfalls Beauftragte bestimmen, die ihre Interessen zu vertreten haben.[1]

Dem Vertreter des Reichsinteresses und den Beauftragten der Länder und Gemeinden sind die Bescheide der Ausschüsse und des Reichswirtschaftsgerichts zuzustellen.

1. Den Vertretern des Reichs, der Länder und der Gemeinden stehen folgende Rechte zu:

Sie können die Anordnung der mündlichen Verhandlung beantragen (§ 23 Abs. 2 der Ausf.-Best. vom 15. Sept. 1920); sie können in der mündlichen Verhandlung das Wort ergreifen (§ 26 Abs. 3); sie können an den Antragsteller und an die Zeugen und Sachverständigen Fragen richten (§§ 27, 35) und die Beeidigung von Zeugen und Sachverständigen beantragen (§ 33 Abs. 2). Vom Beweiserhebungstermin sind sie zu benachrichtigen (§ 32). Bei nicht mündlicher Verhandlung ist ihnen Gelegenheit zur schriftlichen Äußerung zu geben (§ 28).

§ 8.

Das Recht der Beschwerde steht dem Betroffenen, dem dinglich Berechtigten (§ 6 Abs. 1 Satz 3) und den in § 7 bezeichneten Stellen zu.

§ 9.

Die bei dem Verfahren beteiligten Personen sind zur Geheimhaltung der Verhandlungen und der dabei zu ihrer Kenntnis gelangten Verhältnisse der Antragsteller verpflichtet. Wer dieser Vorschrift unbefugt zuwiderhandelt, wird mit Geldstrafe bis zu eintausendfünfhundert Mark oder mit Gefängnis bis zu drei Monaten bestraft. Die Verfolgung tritt nur auf Antrag des Verletzten ein.

IV. Aufbringung der zur Entschädigung erforderlichen Mittel.

§ 10.

Die zur Befriedigung der Ansprüche aus den §§ 1 bis 5 sowie zur Bestreitung der Kosten des Verfahrens (§ 6) notwendigen Mittel trägt in Höhe von sechs Zwölfteln das Reich, in Höhe von vier Zwölfteln das Land, in dem der Schaden entstanden ist, und in Höhe von zwei Zwölfteln die beteiligte Gemeinde.[1] Die Landeszentralbehörde kann den Anteil leistungsschwacher Gemeinden höheren Gemeindeverbänden ganz oder zum Teil auferlegen.

Die Landeszentralbehörde kann bestimmen, daß wirtschaftlich und örtlich zusammenhängende Gemeinden für die Erstattung nach Abs. 1 als eine einheitliche Gemeinde zu gelten haben.[2]

1. Schuldner des gesamten Schadensersatzes ist das Reich; dies ergibt sich aus § 1 Abs. 1.

§ 10 bestimmt nur die zur Aufbringung der Mittel verpflichteten öffentlichrechtlichen Verbände und das Maß ihrer Beteiligung an der Aufbringung der Mittel.

Welche Gemeinde als „beteiligt" anzusehen ist, sagt das Gesetz nicht.

In den meisten bisherigen Landes-Tumultschädengesetzen wurde unterschieden zwischen den Gemeinden, in deren Bezirk der Schaden angerichtet wurde und den Gemeinden, aus denen die Aufrührer kommen. Es war nämlich in den meisten Gesetzen bestimmt, daß die Gemeinde, in deren Bezirk der Schaden angerichtet wurde, dann nicht haftete, wenn die Aufrührer überwiegend aus Personen bestanden, die aus einer anderen Gemeinde gekommen waren, und wenn die erstere Gemeinde außerstande war, den Schaden zu verhindern. In diesem Falle haftete an Stelle der Gemeinde, in deren Bezirk der Schaden angerichtet wurde, die Gemeinde, aus der die Aufrührer gekommen waren (vgl. §§ 2 und 3 des preußischen, Art. 2 des bayerischen, §§ 3 und 4 des badischen Tumultschädengesetzes).

Das gegenwärtige Gesetz macht diese Unterscheidung nicht. Es ist vielmehr nach den Beratungen des Gesetzes in der Nationalversammlung anzunehmen, daß der Gesetzgeber als „beteiligte" Gemeinde nur diejenige im Auge gehabt hat, in deren Bezirk der Schaden angerichtet wurde. Etwaige Härten, die sich daraus ergeben, kann die Landeszentralbehörde nach Abs. 2 des § 10 dadurch beseitigen, daß sie wirtschaftlich oder geographisch zusammenhängende Gemeinden als einheitliche Gemeinde im Sinne des Abs. 1 bestimmt. Dieser Fall wird insbesondere dann praktisch werden, wenn in Vororten oder Nachbargemeinden von Großstädten Schäden durch Aufrührer angerichtet wurden, die aus der Großstadt gekommen waren.

2. Die Auferlegung des die beteiligten Gemeinden treffenden Anteils auf den höheren Gemeindeverband und die Zusammenlegung von wirtschaftlich oder geographisch zusammenhängenden Gemeinden geschieht nicht durch den Ausschuß, sondern im Verwaltungswege durch das Ministerium des Landes.

V. Beseitigung der Landes-Tumultgesetze durch das Reichsgesetz.

§ 11.

Wegen der nach dem Inkrafttreten dieses Gesetzes verursachten Schäden können Ansprüche auf Grund

der landesgesetzlichen Vorschriften über den Ersatz von Aufruhrschäden gegen Länder oder Gemeinden nicht mehr geltend gemacht werden.[1,2]

1. Hinsichtlich der Aufruhrschäden, die nach dem Inkrafttreten dieses Gesetzes eintreten, werden die bisherigen Landes-Tumultschädengesetze zwar nicht aufgehoben, doch wird bestimmt, daß Ansprüche gegen Länder und Gemeinden nicht mehr geltend gemacht werden können und zwar weder Ersatzansprüche für Sach- und Personenschäden, noch auch für „Vermögensschäden", für welch letztere das gegenwärtige Gesetz einen Schadensersatzanspruch überhaupt nicht gewährt.

Soweit jedoch ein mit „inneren Unruhen" zusammenhängender Schaden dem Beschädigten oder dessen Hinterbliebenen gleichzeitig nach dem bürgerlichen Rechte oder nach irgend welchen anderen Gesetzen Ersatzansprüche gegen das Reich, das Land oder eine Gemeinde gibt, bleiben diese Ansprüche bestehen. Im Entwurf des gegenwärtigen Gesetzes hat der § 11 folgendermaßen gelautet:

„Wegen der in § 1 bezeichneten Schäden können gegen das Reich, die Einzelstaaten und gegen eine andere gemäß § 10 an der Aufbringung der Mittel beteiligte öffentlichrechtliche Körperschaft vom Inkrafttreten dieses Gesetzes ab Ansprüche auf Grund des bürgerlichen Rechts, auf Grund der Gesetze über die Haftung öffentlichrechtlicher Körperschaften für Handlungen von Beamten und Militärpersonen sowie auf Grund der besonderen Vorschriften über Ersatz von Aufruhrschäden nicht geltend gemacht oder weiter verfolgt werden."

Diese Fassung hat nicht den Beifall der Nationalversammlung gefunden; man hat sich vielmehr darauf beschränkt, künftighin lediglich die Haftung der Länder und Gemeinden aus den Landes-Tumultschädengesetzen aufzuheben.

Der Bericht des 21. Ausschusses der Nationalversammlung sagt hierüber Folgendes:

„Gegen die Fassung des Entwurfs ließen sich insoferne Bedenken erheben, als dieser für die Vergangenheit und für die Zukunft auch solche Ansprüche aufheben wollte, welche sich auf das bürgerliche Recht und auf die Gesetze über die Haftung öffentlichrechtlicher Körperschaften für Handlungen von Beamten und Militärpersonen stützen. Es wurde hervorgehoben, daß solche auf besonderen Rechtstiteln beruhende Ansprüche nach wie vor neben den aus dem vorliegenden Gesetz erwachsenden Geltung beanspruchen dürften. Dieser Auffassung gegenüber wurde freilich der Einwand erhoben, daß darin geradezu ein Anreiz liege, die behaupteten Ansprüche auf solche besonderen Rechtstitel zu stützen und den Versuch zu machen, auf diesem Wege einen höheren Ersatz zu erzielen, daß infolgedessen die Gerichte auch weiterhin mit Klagen solcher Art überhäuft zu werden Gefahr liefen. Es sei eben eine der bedenklichsten Folgen der Einschränkung des Ersatzanspruches im § 2, daß es nicht möglich sei, die Konkurrenz anderweiter Ersatzansprüche auszuschließen. Insofern bestehe zwischen diesen beiden Gesetzesstellen der innigste Zusammenhang.

Bei der Abstimmung wurde ein Antrag angenommen, dahingehend, im § 11 die Worte „gegen das Reich, die Einzelstaaten und gegen eine andere gemäß § 10 an der Aufbringung der Mittel beteiligte öffentlichrechtliche Körperschaft" sowie weiter die Worte „auf Grund des bürgerlichen Rechts, auf Grund der Gesetze über die Haftung öffentlichrechtlicher Körperschaften für Handlungen der Beamten und Militärpersonen sowie" zu streichen; im übrigen wurde der Paragraph in der Fassung der Regierungsvorlage angenommen."

2. Unberührt bleibt ferner die Haftung der einzelnen Aufrührer und die Haftung von Beamten usw., die anläßlich eines Aufruhrs ihre Amtspflicht überschreiten.

Im einzelnen ist hiezu folgendes zu bemerken:

a) Haftung einzelner Aufrührer:

Täter sowie Mittäter, Anstifter und Gehilfen (§ 830 BGB.) haften nach § 823 Abs. 1 und Abs. 2 und nach

§ 826 BGB. Von besonderer Wichtigkeit ist die Bestimmung des § 830 Abs. 1 Satz 2, daß dann, wenn sich nicht ermitteln läßt, wer von mehreren Beteiligten den Schaden durch seine Handlung verursacht hat, jeder Beteiligte für den Schaden verantwortlich ist; denn gerade bei Aufläufen wird sich oft schwer feststellen lassen, welcher der Teilnehmer den Schaden angerichtet hat. Im einzelnen ist zwar die Aussicht des Geschädigten, von den Tätern Ersatz zu erlangen, gering, weil in der Regel die Täter nicht gerade zu den besitzenden Klassen zählen. Dagegen sind nicht selten als Anstifter oder Gehilfen Leute mitverantwortlich, die pekuniär in der Lage sind, wenigstens einen Teil des Schadens zu ersetzen.

Persönliche Haftpflicht für Verletzungen durch Waffen besteht zweifellos auch für diejenigen, die die Volksmassen bewaffnet und organisiert haben; ein solches Recht steht nämlich nur dem Staate zu (RG. Bd. 91 S. 383); Privatpersonen, die das Volk bewaffnen, handeln widerrechtlich und müssen nach § 823 BGB. für alle Schäden aufkommen, die durch den Gebrauch der Waffen verursacht worden sind.

Der Umfang des zu ersetzenden Schadens bemißt sich nach dem Bürgerlichen Gesetzbuch. Insbesondere wird also auch für die Vermögensschäden allgemeiner Art (Erwerbsschäden) gehaftet.

Außerdem sehen einzelne der bisherigen Landes- und Tumultschädengesetze Ersatzansprüche gegen die Täter vor. Insoweit bleiben diese Gesetze auch für die Zukunft aufrecht erhalten. Aufrecht erhalten bleibt ferner die preußische VO. vom 17. Aug. 1835 betreffend die Aufrechterhaltung der öffentlichen Ordnung und der dem Gesetze schuldigen Achtung, welche in § 11 bestimmt:

„Für Beschädigungen an Sachen, welche bei solchen Gelegenheiten (d. i. Tumulten) vorfallen, haften nicht nur die Urheber, sondern auch alle diejenigen solidarisch,

a) welche sich bei einem solchen Auflauf irgend eine gesetzwidrige Handlung haben zuschulden kommen lassen und

b) alle Zuschauer, welche sich an dem Ort des Auflaufs befanden und nach dem Einschreiten der Orts- oder Polizeibehörde nicht sogleich entfernt haben. Keine Entschuldigung eines Zuschauers wird beachtet, wenn seine Anwesenheit noch bei dem Einschreiten der bewaffneten Macht stattgefunden hat. Denen, die sich nur in dem letzteren Falle befunden haben, bleibt der Regreß an diejenigen vorbehalten, die sich mit ihnen in demselben Falle befanden, zu gleichen Teilen, an die Urheber und Teilnehmer des Verbrechens aber für den ganzen von ihnen gezahlten Betrag."

Diese Vorschrift ist durch Art. 108 EG. BGB. aufrecht erhalten.

b) Haftung von Beamten und Militärpersonen:

Macht sich ein Beamter usw. einer unerlaubten Handlung nach §§ 823, 826 BGB. schuldig, so haftet er wie jeder Nichtbeamte nach diesen beiden Paragraphen persönlich.

Macht sich der Beamte usw. einer Verletzung der einem Dritten gegenüber obliegenden Amtspflicht schuldig (§ 839 BGB.) oder begründet seine Handlung den Tatbestand der §§ 823, 826 und zugleich des § 839 BGB., so ist zu unterscheiden:

ein Reichsbeamter haftet persönlich nicht; an seiner Stelle haftet nach dem Reichsgesetz vom 22. Mai 1910 das Reich;

beim Staatsbeamten haftet ebenfalls an seiner Stelle der Staat und zwar in Preußen (G. v. 1. Okt. 1909), Bayern (Bayer. AG. BGB. Art. 60), Württemberg (Württ. AG. BGB. Art. 202), Baden (Bad. AG. BGB. Art. 5).

In Sachsen haftet der Staatsbeamte persönlich und neben ihm der Staat. Bezüglich des Rechtszustandes in den übrigen deutschen Staaten vgl. Staudinger Art. 77 EG. BGB. Anm. 3 und Fromherz, Haftpflichtrecht S. 71 ff.;

bei Gemeindebeamten haften an ihrer Stelle die Gemeinden in Preußen, Bayern, Württemberg und

Baden nach den vorstehenden Gesetzen; in Sachsen haftet die Gemeinde nur neben ihnen.

Sonach kommt eine persönliche Haftung der Staats- und Gemeindebeamten für Amtspflichtverletzungen nach dem bürgerlichen Rechte nur in Sachsen und einigen kleineren Bundesstaaten in Frage.

c) Haftung des Reichs, der Länder und der Gemeinden für Amtspflichtverletzungen ihrer Beamten und Militärpersonen:

Die einschlägigen Gesetze sind:

a) Das Gesetz über die Haftung des Reichs für seine Beamten vom 22. Mai 1910; das preuß. Gesetz über die Haftung des Staats und anderer Verbände für Amtspflichtverletzungen von Beamten bei Ausübung der öffentlichen Gewalt vom 1. Aug. 1909; Art. 60 des bayer. AG. BGB.; Art. 202—204 des württemb. AG. BGB.; Art. 5 des bad. AG. BGB.; das braunschweig. G. v. 28. Juli 1910; das oldenb. G. v. 22. Dez. 1908; Art. 78 des hess. AG. BGB.; § 91 des sachs.-weim. AG. BGB.; Art. 19 des schwarzb. AG. BGB.; in Sachsen haftet der Staat nach Gewohnheitsrecht.

Nach diesen Gesetzen haftet der Staat teils an Stelle, teils neben dem Beamten, der sich einer Amtspflichtverletzung schuldig macht.

Militärpersonen mit Ausnahme solcher des ehemaligen bayerischen Kontingents stehen nach § 1 Abs. 3 des Reichsgesetzes vom 22. Mai 1910 den Reichsbeamten, Militärpersonen des ehemaligen bayerischen Kontingents nach dem bayer. G. v. 6. Dez. 1913 den bayer. Beamten gleich. Angehörige der Reichswehr stehen den Reichsbeamten gleich.

Die Amtspflichtverletzung des Beamten kann sowohl bestehen in einer Überschreitung seiner Amtsbefugnisse, als auch in der Unterlassung einer Amtshandlung; bei der Überschreitung der Amtsbefugnisse denkt man in erster Linie an die Amtshandlungen der Beamten einer Revolutionsregierung oder Revolutionszwischenregierung. Jeder neue Machthaber bringt neue Beamte mit, namentlich in den obersten Stellen. Die neuen Beamten kennen sich zuweilen in ihrem neuen Amt nicht aus, außerdem herrscht ohnedies bei einer Revolution zeitweise die Gewalt vor Recht. Amtspflichtüberschreitungen sind daher an der Tagesordnung und zwar sowohl bei den obersten Staatsstellen (Ministerien) als auch bei den Organen des äußeren Dienstes (Polizeiorgane). Eine Überschreitung der Amtsbefugnisse liegt sowohl dann vor, wenn ein Minister eine Verordnung erläßt, die weder nach den bisherigen und in Geltung gebliebenen Gesetzen noch nach den von der neuen Regierung rechtmäßig verkündeten neuen Gesetzen gerechtfertigt ist, als auch dann, wenn ein Polizeiorgan zu Unrecht eine Verhaftung vornimmt oder zu Unrecht von seiner Waffe Gebrauch macht. Zu Überschreitungen der Amtsbefugnisse kommt es aber auch häufig bei den gegen die Zusammenrottung ergriffenen Abwehrmaßnahmen (vgl. § 1 Abs. 1).

Eine Amtspflichtverletzung kann auch bestehen in der Unterlassung einer Amtshandlung. Nach der Rechtsprechung des Reichsgerichts (vgl. RG. Bd. 91 S. 381, Recht 1913 Nr. 1601) obliegt jedem öffentlichen Beamten, namentlich den Polizeibeamten, die Pflicht, für die Sicherheit des öffentlichen Verkehrs zu sorgen. Diese Fürsorgepflicht wird verletzt, wenn der Polizeibeamte (Polizeipräsident usw.) es unterläßt, Vorkehrungen zur Unterdrückung von Zusammenrottungen zu treffen, oder wenn die Machthaber nicht dafür Sorge tragen, daß die dem Staat gehörigen Waffen nicht in unrechte Hände geraten (vgl. hierüber Caro in JW. 1919 S. 272). Auch in diesen Fällen sind Ersatzansprüche gegen Reich, Staat und Gemeinde nach den oben aufgeführten Gesetzen gegeben.

Erfüllt der Tatbestand, der eine Haftung des Reichs usw. für die Amtspflichtverletzung eines Beamten begründet, zugleich den Tatbestand des § 1 des gegenwärtigen Gesetzes, so steht dem Beschädigten sowohl der Anspruch aus dem gegenwärtigen Gesetz als auch der Anspruch gegen das Reich usw. aus den oben erwähnten Gesetzen (über die Haftung des Reichs usw. für Amtspflichtverletzungen seiner Beamten usw.) zu. Doch muß sich der Beschädigte den Ersatz, den er auf Grund seines einen Anspruches erhält, bei der Verfolgung seines anderen Anspruches anrechnen lassen. Außerdem ist § 12 zu beachten.

VI. Rückgriffsanspruch des Reichs usw.

§ 12.

Falls dem Beschädigten oder Hinterbliebenen wegen desselben Schadens ein anderer gesetzlicher[1] Anspruch zusteht, geht dieser mit dem Zeitpunkt der Zahlung der nach § 2 dieses Gesetzes festgestellten Beträge in deren Höhe auf das Reich und die übrigen gemäß § 10 an der Aufbringung der Mittel beteiligten öffentlichrechtlichen Körperschaften nach dem Maß ihrer Beteiligung, im übrigen zu gleichen Rechten über. Dies gilt nicht für öffentlichrechtliche Versorgungsansprüche aller Art.[2, 3]

1. Gesetzliche Ansprüche sind die in Anmerkung 1a—c zu § 11 aufgeführten Schadensersatzansprüche des Beschädigten gegen den Täter, den Beamten oder gegen das Reich usw. Vertragliche Ansprüche, z. B. gegen eine Versicherungsgesellschaft, gehen nicht über, sondern verbleiben dem Beschädigten. Sie werden aber insofern berücksichtigt, als sie zu den „gesamten Vermögens- und Erwerbsverhältnissen" des § 2 Abs. 1 zählen und somit die Ersatzleistung des Reichs mindern.

Umgekehrt gehen aber, wenn eine Versicherungsgesellschaft einen Aufruhrschaden bezahlt, die Ansprüche des Versicherungsnehmers gegen das Reich aus dem gegenwärtigen Gesetz gemäß § 67 des Versicherungsvertragsgesetzes vom 30. Mai 1908 (RGBl. S. 263) auf die Versicherungsgesellschaft über; diese kann die Ansprüche ihres Versicherungsnehmers in dem im gegenwärtigen Gesetz vorgeschriebenen Verfahren gegen das Reich geltend machen. Dabei ist allerdings zu beachten, daß gemäß § 2 Abs. 1 letzter Satz des gegenwärtigen

Gesetzes dem Betroffenen ein Ersatzanspruch gegen das Reich nur insoweit zusteht, als seine „gesamten Vermögens- und Erwerbsverhältnisse" es als billig erscheinen lassen. Wenn nun ein Betroffener einen Ersatzanspruch gegen eine Versicherungsgesellschaft besitzt, so wird im allgemeinen ein Schadensersatzanspruch gegen das Reich insoweit zu verneinen sein. Aus diesem Grunde wird in der Praxis die Regel § 67 des Versicherungsvertragsgesetzes illusorisch sein.

2. Öffentlichrechtliche Versorgungsansprüche aller Art, zu denen auch die Ansprüche auf Grund der Sozialversicherung zählen, sollen dem Betroffenen ungekürzt verbleiben. Eine Gefahr, daß er hiedurch nicht zu rechtfertigende Vorteile erlangt, besteht nicht. Denn er erhält ja eine Entschädigung nur nach dem Maße seines wirtschaftlichen Bedürfnisses. Jede wesentliche Änderung in diesen Verhältnissen führt gemäß § 4 Abs. 4 notwendig zu einer Änderung der festgesetzten Renten. Die nachträgliche Zubilligung von öffentlichrechtlichen Versorgungsansprüchen kann daher zu einer Herabsetzung der Rente führen. Im übrigen wird sich der Geschädigte auf Grund der Sozialversicherung meist besser stellen als auf Grund des gegenwärtigen Gesetzes.

3. Abgesehen von dem durch § 12 geschaffenen Rückgriffsrecht steht dem Reich gemäß § 840 BGB. auch ein Ausgleichungsanspruch gegen den Täter zu; nach dem Grundsatz, daß im Verhältnis zwischen mehreren Haftpflichtigen derjenige von ihnen, der aus Verschulden haftet, den Schaden allein zu tragen hat, kann das Reich vom Täter in der Regel den Ersatz des gesamten Schadens verlangen.

VII. Übergangsvorschriften.

§ 13.

Soweit bei dem Inkrafttreten dieses Gesetzes Ansprüche auf Grund landesgesetzlicher Vorschriften über den Ersatz von Aufruhrschäden gegen Länder oder Gemeinden nicht bestanden, finden die Vorschriften der §§ 1 bis 10, 12 auch auf die vor dem Inkrafttreten dieses Gesetzes seit dem 1. November 1918 verursachten Schäden der im § 1 bezeichneten Art Anwendung.[1,2]

1. An sich würde das Gesetz nur auf solche Schäden anwendbar sein, die nach seinem Inkrafttreten entstanden sind. Da aber in einer Reihe von Ländern bisher Tumultschädengesetze nicht bestanden haben und es eine Härte gegenüber den Tumultgeschädigten wäre, ihnen keinerlei Ersatz zu gewähren, wird dem neuen Gesetz für solche Länder rückwirkende Kraft bis 1. Nov. 1918 beigelegt.

Nach dem Wortlaut des § 13 könnte man meinen, daß auch in Ländern, in denen es bereits Tumultschädengesetze gab, Schadensersatzansprüche, die nach den Landes-Tumultschädengesetzen unbegründet sind, nach Maßgabe des gegenwärtigen Gesetzes entschädigt werden müßten. Der Gesetzgeber hat jedoch den § 13 nicht so aufgefaßt. Der Bericht des 21. Ausschusses der Nationalversammlung bemerkt über den § 13:

„Für künftig eintretende Schadensfälle sollte das Prinzip des § 2 nach den Beschlüssen in erster Lesung beibehalten werden. Für die zurückliegenden Fälle sollte unterschieden werden zwischen den Ländern, deren Gesetzgebung den Ersatz von Aufruhrschäden nicht vorsieht, und solchen, in denen schon bisher Ersatzansprüche begründet waren. In den ersteren sollte wieder das Prinzip des § 2 Anwendung finden. In den andern sollte voller Ersatz gewährt werden, insoweit es sich um den unmittelbar verursachten Sachschaden handelt. Soweit hiernach dem Geschädigten voller Ersatz gewährt wird, sollte indessen das Rückgriffsrecht der Gemeinden gegen Länder und Reich nur in dem Umfang bestehen, in dem nach § 2 in Zukunft Ersatz überhaupt gewährt werden soll. Für Personenschäden sollte auch hier der Maßstab des § 2 gelten. Mittelbarer Schaden und entgangener Gewinn, darüber hinaus aber auch Luxusschäden sollten gänzlich unberücksichtigt bleiben. Ein nach diesen Richtlinien ausgearbeiteter neuer Entwurf wurde in der Kommission als Antrag eingebracht und nach kurzer Debatte mit geringfügigen Änderungen angenommen."

Und weiter heißt es im Bericht des 21. Ausschusses:

„Im § 13a (= dem jetzigen § 13) sind dann weiter die §§ 1—10 und 12 in denjenigen Gebietsteilen des Reiches, in denen landesgesetzliche Vorschriften über den Ersatz von Aufruhrschäden bisher nicht bestanden, auch auf die seit dem 1. November 1918 verursachten Tumultschäden, im § 13b (= dem jetzigen § 14) sind diese Paragraphen weiterhin auch auf Schäden an Leib und Leben, welche seit 1. November 1918 verursacht sind, für anwendbar erklärt. Ersatzansprüche, die auf Grund landesgesetzlicher Vorschriften für Schäden an Leib und Leben schon erwachsen sind, werden für erloschen erklärt, soweit sie nicht bereits rechtskräftig festgestellt sind."

Der § 13a entspricht dem jetzigen § 13; der § 13b dem jetzigen § 14.

Der Wortlaut des § 13 deckt sich allerdings nicht mit der Auffassung des 21. Ausschusses der Nationalversammlung. Nach dem Wortlaut des § 13 steht auch in Ländern, in denen es bisher schon Tumultgesetze gab, einem Tumultgeschädigten dann, wenn er nach dem bisherigen Landesgesetz einen Anspruch gegen das Land oder die Gemeinde nicht hatte, ein Anspruch gegen das Reich nach dem gegenwärtigen Gesetze zu. Diese Frage ist von außerordentlicher praktischer Bedeutung, weil die bisherigen Landesgesetze teilweise den in der Revolution Geschädigten Ersatzansprüche versagen.

Für die Auslegung der Gesetze gilt folgender allgemeiner Grundsatz. Der Richter hat den nach den Regeln der Sprach- und Denklehre sich ergebenden **sprachlichen** Sinn und den aus der **rechtsgeschichtlichen Entwicklung** zu entnehmenden Rechtsgedanken klarzustellen. Wertvoll für die Auslegung sind *die gesetzesgeberischen Vorarbeiten; doch bleibt zu prüfen, ob die in ihnen enthaltenen Erwägungen in das*

Gesetz übernommen sind (Reichsgerichtskommentar zum BGB. Anm. 3 vor § 1). Ist das Gesetz einmal erlassen, so hat es auch diejenigen Wirkungen, deren Eintritt den an seiner Entstehung beteiligt gewesenen Personen nicht zum Bewußtsein gekommen ist (vgl. Staudinger, Kommentar zum BGB. Einleitung Ziff. VI).

Für die Auslegung des § 13 muß auch § 15 Abs. 1 herangezogen werden, welcher für die vom 1. November 1918 bis zum Inkrafttreten des neuen Reichsgesetzes entstandenen Vermögensschäden (mit Ausnahme der Personenschäden) die bisherigen Landesgesetze für maßgebend erklärt; wenn also nach einem bisherigen Landesgesetze ein Anspruch abzuweisen war, dann soll es dabei sein Bewenden haben.

Im Interesse der durch die Revolution Geschädigten wäre es freilich dringend zu wünschen, daß die Ausschüsse den § 13 dahin auslegen möchten, daß auch solche Betroffene nach dem gegenwärtigen Gesetz Schadensersatz erhalten, denen nach den bisherigen Landesgesetzen Ersatzansprüche versagt sind.

2. Die Anmeldungsfrist des § 6 Abs. 2 Satz 1 beginnt mit dem Inkrafttreten des gegenwärtigen Gesetzes (§ 18 Abs. 3).

§ 14.

Die §§ 1 bis 10, 12 finden auch Anwendung auf die Schäden an Leib und Leben,[1] die seit dem 1. November 1918 bis zum Inkrafttreten dieses Gesetzes im Zusammenhange mit inneren Unruhen durch offene Gewalt oder durch ihre Abwehr verursacht sind.[2] Wegen dieser Schäden können vom Inkrafttreten dieses Gesetzes Ansprüche auf Grund landesgesetzlicher Vorschriften über den Ersatz von Aufruhrschäden gegen Länder oder Gemeinden nicht mehr geltend gemacht[3] oder weiter verfolgt werden.[4] Diese Vorschrift findet auf die beim Inkrafttreten dieses Gesetzes bereits rechtskräftig festgestellten Ansprüche[5] keine Anwendung.

1. Das sind Körperverletzungen und Tötungen im Gegensatz zu den Sachschäden.

2. Die Anmeldungsfrist des § 6 Abs. 2 Satz 1 beginnt mit dem Inkrafttreten des gegenwärtigen Gesetzes (§ 18 Abs. 3).

3. Vgl. die Anmerkungen zu § 11.

Das neue Gesetz erhält also rückwirkende Kraft bis 1. Nov. 1918 für die Aufruhrschäden an Leib und Leben auch in solchen Staaten, in denen bereits Tumultschädengesetze bestanden haben; diese Tumultschädengesetze werden zwar nicht aufgehoben, doch wird bestimmt, daß hinsichtlich der seit 1. Nov. 1918 entstandenen Aufruhrschäden an Leib und Leben Ersatzansprüche gegen Länder und Gemeinden nicht mehr geltend gemacht werden können.

4. Was mit den zahlreichen bereits rechtshängigen Zivilprozessen geschehen soll, sagt das Gesetz nicht.

Anläßlich der Errichtung der Militärversorgungsgerichte hat die VO. vom 1. Febr. 1919 (RGBl. S. 149) in Artikel IV Ziff. 5 bestimmt, daß bei den bei den ordentlichen Gerichten anhängigen Rentenprozessen die Gerichtskosten niederzuschlagen seien, und daß jede Partei ihre außergerichtlichen Kosten selbst tragen müsse. Eine derartige Bestimmung fehlt im gegenwärtigen Gesetz.

Die Rechtslage ist daher folgende:

Das Reichs-Aufruhrschädengesetz verbietet in § 14 den ordentlichen Rechtsweg für die bis zu seinem Inkrafttreten entstandenen Personenschäden. In den bereits rechtshängigen Zivilprozessen sind daher die Klagen abzuweisen. Die Entscheidung über die Kosten des Rechtsstreits hängt nicht von der Frage ab, ob der Klaganspruch nach dem alten Landestumultgesetz begründet gewesen wäre; denn durch die Änderung der Gesetzgebung sind die bisherigen Klagen in der Sache selbst unzulässig und daher abweisungsreif geworden, so daß nach dem

Grundsatz, daß der in der Hauptsache unterliegende Teil die Kosten zu tragen hat, die Kläger zur Tragung der Kosten zu verurteilen sind (RG. in JW. 1900 S. 507, 727, 870; 1901 S. 483 Nr. 2, Gruchot Bd. 44, 1101; Bd. 49, 74 und 82; a. M. Gaupp-Stein § 91 Anm. III).

5. Das sind Ansprüche, die sowohl nach Grund und Höhe rechtskräftig festgestellt sind. Es genügt nicht, wenn lediglich bezüglich des Grundes (§ 304 ZPO.) ein rechtskräftiges Urteil vorliegt. Denn ein Zwischenurteil nach § 304 ZPO. ist nur der formellen Rechtskraft fähig. Zu den festgestellten Ansprüchen zählen auch Ansprüche die rechtskräftig abgewiesen sind.

§ 15.

Für Vermögensschäden[1], die seit dem 1. November 1918 bis zum Inkrafttreten dieses Gesetzes im Zusammenhange mit inneren Unruhen durch offene Gewalt oder durch ihre Abwehr verursacht sind, bleiben die bisherigen Gesetze[2] maßgebend, doch kann der Ersatz mittelbaren Schadens und entgangenen Gewinns[3] sowie der Ersatz für Gegenstände, die dem Luxusbedürfnisse des Betroffenen dienen, nicht beansprucht werden. Rechtskräftig festgestellte Ansprüche bleiben unberührt.

Die hiernach zum Schadensersatz erforderlichen Mittel haben die Gemeinden, soweit sie dem Geschädigten zum Ersatze verpflichtet sind, zunächst zu verauslagen. Sie können jedoch Ersatz ihrer Aufwendungen zu sechs Zwölfteln vom Reiche und zu vier Zwölfteln vom Lande insoweit beanspruchen, als die Entschädigung geboten war, um unter Berücksichtigung der gesamten Vermögens- und Erwerbsverhältnisse des Betroffenen eine nach den Umständen unbillige Erschwerung seines Fortkommens (§ 2 Abs. 1) zu verhüten. Die Vorschrift in § 10 Satz 2 findet Anwendung.

Über den Erstattungsanspruch der Gemeinde gegen Reich und Land wird nach Maßgabe des § 6 entschieden.

Ansprüche auf Grund des bisherigen Gesetzes können binnen einer Ausschlußfrist von drei Monaten vom Inkrafttreten dieses Gesetzes an auch dann noch geltend gemacht werden, wenn auf Grund der bisherigen Gesetze Verjährung eingetreten oder die Ausschlußfrist abgelaufen war; jedoch sind für den Umfang und die Verfolgung der Ersatzansprüche §§ 1 bis 10, 12 dieses Gesetzes maßgebend.

1. Das sind also sämtliche Aufruhrschäden, auch solche, für die das neue Gesetz keinen Ersatz gewährt wie z. B. die sog. mittelbaren Schäden; ausgenommen sind lediglich gemäß § 14 die Schäden an Leib und Leben.

2. Gemeint sind die bisherigen Landestumultschädengesetze; daß die etwa sonst noch einschlägigen Gesetze (BGB., Gesetze über die Haftung des Reichs usw. für Amtspflichtverletzungen von Beamten und Militärpersonen usw.) aufrecht erhalten bleiben, wurde bereits in den Anmerkungen zu § 11 betont.

Die bisherigen Landestumultschädengesetze in den größeren deutschen Einzelstaaten sind: Das preußische Tumultschädengesetz vom 11. März 1850 (hiezu eine Ausgabe mit Anmerkungen von Liebrecht, Berlin, Vahlen 1919 und eine Ausgabe mit Anmerkungen von Friedländer, Berlin, Guttentag 1919); das bayerische Gesetz vom 12. März 1850, die Verpflichtung zum Ersatz des bei Aufläufen verursachten Schadens betreffend (erläutert von Zink in Dollmanns Gesetzgebung des Königreichs Bayern, Erlangen, Palm & Enke 1863, Bd. I, 3. Teil); das württemb. Gesetz vom 28. August 1859 betr. das Verfahren bei dem

Aufgebote der bewaffneten Macht gegen Zusammenrottung; das sächsische BGB. § 1496; das badische Gesetz vom 13. Febr. 1851, die Entschädigungspflicht der Gemeindeangehörigen wegen der bei Zusammenrottungen verübten Verbrechen betr. (erläutert von Moericke in der Monographie „Die deutschen Tumultgesetze, Berlin und Leipzig, Rothschild 1910); das hessische Gesetz vom 3. März 1859, die Verantwortlichkeit der Gemeinde für Verletzungen und Beschädigesetze", Berlin und Leipzig, Rothschild 1910); das hessische AG. BGB. Art. 275; das koburgische AG. BGB. Art. 21; vgl. über die Gesetze der Einzelstaaten Gierke, Deutsches Privatrecht Bd. III S. 917ff., und Moericke, Die deutschen Tumultgesetze 1910.

Allen diesen Gesetzen liegt der Gedanke zugrunde, daß die Gemeinde für die von ihren Mitgliedern angerichteten Schäden haften soll; dieser Gedanke war schon dem frühen Mittelalter nicht fremd. Man rechtfertigte die Haftbarkeit der Gemeinde damit, daß man sagte, sie sei dazu berufen und auch am besten in der Lage, Unruhen, die in ihrer Mitte entstünden, zu unterdrücken.

Das Vorbild für die Deutschen Tumultgesetze war das französische Gesetz vom 10. Vendemiaire des Jahres IV. (2. Oktober 1795).

Schadensersatzpflichtig ist nach den verschiedenen Landesgesetzen teils der Staat, teils die Gemeinde.

Der Tatbestand, an den die Schadensersatzpflicht geknüpft ist, ist nicht in allen Gesetzen der gleiche; doch kehren in diesen Gesetzen zwei Tatbestandsmerkmale wieder, die im folgenden kurz erläutert sein mögen:

I. „Zusammenrottung".

Der Begriff findet sich in den §§ 115 (Aufruhr), 122 (Gefangenenbefreiung) und 124f. (schwerer Hausfriedensbruch) des Reichsstrafgesetzbuches; er ist in den Kommentaren zum RStGB. eingehend erläutert:

Eine Zusammenrottung setzt begrifflich voraus:

a) Die Versammlung einer Mehrzahl von Menschen: Wieviele Menschen mindestens zu einer Zusammenrottung gehören, läßt sich nicht ein für allemal bestimmen. Die Rechtsprechung und Rechtslehre zu § 122 des Reichsstrafgesetzbuches erklärt bereits die Vereinigung von zwei Gefangenen zur Erfüllung des Begriffs Zusammenrottung von Gefangenen für genügend (Olshausen, Kommentar zum StGB. § 122 Anm. 3). Auch für das Vergehen des Aufruhrs (§ 115 StGB.) verlangt Olshausen zur Erfüllung des Begriffs der Zusammenrottung die Mindestzahl von nur zwei Teilnehmern (Olshausen § 115 Anm. 2).

In Art. 1 des bayerischen Tumultgesetzes vom 12. März 1850 ist von einer zusammengerotteten „Menge" die Rede. Das alte bayer. Strafgesetzbuch erfordert in Teil I Art. 319 und 332 zu einer zusammengerotteten Menge eine Anzahl von wenigstens 10 Personen. Eine Entscheidung des Kassationshofes von Paris vom 27. April 1813 fordert für die Anwendbarkeit des Gesetzes vom 10. Vendemiaire des Jahres IV (2. Okt. 1795), das den sämtlichen deutschen Tumultgesetzen als Vorbild diente, die tatsächliche Feststellung, daß eine Mehrheit von Personen sich zusammengerottet hatte, wozu indessen die Zahl von 4 Individuen nicht ausreiche (von Zink, Kommentar zum bayer. Tumultgesetz in Dollmanns Gesetzgebung Bayerns I. Teil, 3. Bd. S. 229).

Wieviele Menschen zu einer „Zusammenrottung" gehören, ist Tatfrage. Eine Zusammenrottung ist dann anzunehmen, wenn die Teilnehmer ihrer Zahl nach stark genug sind, um — wenigstens im Augenblick — die öffentliche Ordnung zu stören.

Sind die Teilnehmer der Zusammenrottung bewaffnet, insbesondere mit Maschinengewehren und Handgranaten, so genügt für die Annahme einer Zusammenrottung eine geringere Zahl von Teilnehmern, als wenn sie nicht bewaffnet sind. Befindet sich am Ort der Zusammenrottung schon bei Beginn der Zusammenrottung ein größeres Polizeiaufgebot, so ist für die Annahme einer Zusammenrottung eine größere Zahl von Teilnehmern erforderlich, wie wenn sich am Ort der Zusammenrottung nur unbewaffnete Straßenpassanten befinden.

b) Die Teilnehmer müssen räumlich so nahe beisammen sein, daß sie zusammenwirken können. Sind die Teilnehmer mit Schußwaffen ausgerüstet, so ist ein Zusammenwirken auch dann möglich, wenn sie einen größeren Abstand von einander haben. Sind die Personen räumlich so weit getrennt, daß sie nicht mehr zusammenwirken können, dann kann von einer Zusammenrottung keine Rede sein (Entscheidung des Reichsgerichts in Strafsachen Bd. 2 S. 80, Bd. 3 S. 1; Urteil des Reichsgerichts vom 31. März 1920 in RGZ. Bd. 99 S. 6).

c) Das Zusammentreten oder Zusammensein muß auf einer Verabredung — einer ausdrücklichen oder stillschweigenden — beruhen; es muß bei den Teilnehmern der gemeinsame Wille vorhanden sein, eine geschlossene Masse zu bilden. Dagegen ist nicht erforderlich, daß die Masse organisiert ist, und daß sie eigene Führer hat; andererseits kann eine Zusammenrottung auch organisiert sein.

Wenn dagegen mehr oder weniger organisierte Scharen nach festbestimmten Plänen in Gemäßheit der Weisungen einer oberen Leitung handeln (sog. „Rote Armee!"), um die Machtmittel der Regierung zu brechen, so sind diese Scharen nicht als Zusammenrottung zu betrachten (vgl. RGZ. Bd. 98 S. 9 unten, S. 204, JW. 1920 S. 663). Eine reguläre Truppenabteilung, die unter dem Befehl ihrer Offiziere handelt, kann als Zusammenrottung nicht bezeichnet werden; wie weit die Organisation gehen muß, um eine „Zusammenrottung" auszuschließen, muß nach der Sachlage des einzelnen Falles ermittelt werden. Je nachdem kann eine organisierte Menge eine einer regulären Truppe gleichartige Truppenabteilung darstellen (Urteil des Reichsgerichts vom 5. Juli 1920 VI 66/20).

Es ist nicht erforderlich, daß bei allen Teilnehmern der Wille, eine geschlossene Masse zu bilden, vorhanden ist; es genügt, wenn dieser Wille nur bei einer Zahl von Teilnehmern vorhanden ist, die ausreichen würde, um nach dem oben unter a) Gesagten als Zusammenrottung angesehen zu werden.

Der „Zusammenrottungswille" braucht nicht von Anfang an in der Versammlung vorhanden gewesen zu sein. Es kann eine bloß zufällig zusammengetretene Versammlung von Menschen sich dadurch zu einer Zusammenrottung gestalten, daß die Teilnehmer den Entschluß fassen, als geschlossene Masse beisammen zu bleiben.

d) Das Zusammentreten oder Zusammenhalten muß geschehen zu dem erkennbaren Zweck, gemeinschaftlich Gewalttätigkeiten zu begehen; die Gewalttätigkeiten können sich gegen Menschen und Sachen richten. Es macht keinen Unterschied ob der Schaden durch rechtswidrige Zerstörung, Brand, Überschwemmung, Raub oder Plünderung zugefügt wird. Immer aber gehört eine rechtswidrige Absicht dazu; wenn daher die Einwohner eines Dorfes sich zusammenscharen, Bäume abhauen und angepflanzte Grundstücke zerstören, um der drohenden Gefahr einer Überschwemmung vorzubeugen, liegt keine Zusammenrottung vor.

II. Ein „Zusammenlauf" unterscheidet sich dadurch von der Zusammenrottung, daß er nicht auf einer Verabredung beruht und nicht zum Zwecke gemeinschaftlicher Verübung von Gewalttätigkeiten stattzufinden braucht.

Ein Zusammenlauf kann zur Zusammenrottung werden, wenn die genannten beiden Merkmale dazutreten. Praktisch ist der Unterschied meist gegenstandslos.

Als ein bei einem Zusammenlauf entstandener Schaden wurde es erachtet, als von einer anläßlich einer Illumination zusammengelaufene Menge Schaufenster und die dahinter liegenden Waren gewaltsam beschädigt wurden (Entscheidung des preuß. OTr. Bd. 74 S. 124 zum preuß. Tumultgesetz).

Im übrigen gelten für den „Zusammenlauf" sinngemäß die Bemerkungen über die „Zusammenrottung".

3. Die bisherigen Gesetze billigten dem Betroffenen Ersatz seines Schadens schlechthin zu; zu diesem Schaden gehörte nicht nur der unmittelbare, sondern auch der mittelbare Schaden (vgl. über den Begriff des mittelbaren Schadens § 1 Anm. 8).

Das gegenwärtige Gesetz bestimmt nun, daß auch nach den bisherigen Landesgesetzen nur mehr der unmittelbare Schaden (gemeine Wert, vgl. § 1 Anm. 8 a. E.) ersetzt werde. Dagegen gilt die weitere Einschränkung des neuen Reichsgesetzes, daß ein Anspruch auf Entschädigung nur gegeben sei, wenn und soweit ohne solche nach den Umständen das Fortkommen des Betroffenen unbillig erschwert werde (§ 2 Abs. 1), für die nach den bisherigen Landesgesetzen zu ersetzenden Schäden nicht. Daher kann z. B. ein Geschäftsmann, dem im November 1918 von einer zusammengerotteten Menge ein Ladenfenster eingeschlagen wurde, Ersatz dieses Schadens nach Maßgabe der bisherigen Landesgesetze beanspruchen. Dagegen kann ein Fabrikant, dem durch die in der Zeit vom 1. Nov. 1918 bis zum Inkrafttreten des gegenwärtigen Gesetzes stattgehabte Zerstörung von Fabrikanlagen ein Gewinn entgangen ist, Ersatz des entgangenen Gewinnes nicht beanspruchen.

§ 16.

Soweit ein Ersatzanspruch der Gemeinden gegen Reich und Land nicht besteht,[1] soll Gemeinden, die zur Zahlung der Schadensersatzansprüche nicht oder nicht völlig in der Lage sind, vom Reiche ein angemessener Betrag zur Bezahlung der Ansprüche zur Verfügung gestellt werden.[2]

1. Das heißt, soweit der Schadensersatz, zu dem die Gemeinden nach den bisherigen Gesetzen verurteilt werden, nach Art und Umfang größer ist, als er sein würde, wenn er nach dem gegenwärtigen Gesetz bemessen werden müßte; hierher gehört der Schadensersatz, der über den Betrag dessen hinausgeht, was zur Verhütung einer unbilligen Erschwerung des Fortkommens des Betroffenen nötig ist.

2. Die verurteilte Gemeinde hat jedoch dem Beschädigten zunächst auf Verlangen den gesamten Schadensersatz auszubezahlen; sie kann dem Beschädigten gegenüber die Zahlung nicht so lange verweigern, bis sie vom Reich Unterstützung erhalten hat.

§ 17.

Ein Rückgriffsanspruch der Gemeinden gegen das Reich wegen der bis zum Inkrafttreten dieses Gesetzes verursachten Schäden der im § 1 bezeichneten Art besteht insoweit nicht, als die Gemeinde auf Grund eines Versicherungsvertrags Ersatz beanspruchen kann.[1] Die Gemeinden sind dem Reiche gegenüber zur Angabe der ihnen gezahlten Versicherungssummen verpflichtet.

1. Diejenigen Gemeinden, die von der Revolution besonders heimgesucht worden sind, werden nur zum Teil durch Versicherungen gedeckt sein. Da nach § 15 die Gemeinden den über den Umfang des § 1 hinausgehenden Schaden völlig, und von dem im Rahmen des § 1 liegenden Schadens zwei Zwölftel selbst zu tragen haben, werden sie gut daran tun, ihre Ansprüche gegen ihre Versicherungsgesellschaft zunächst auf den Teil der Schäden zu verrechnen, den sie selbst zu tragen haben. Wenn eine Gemeinde beispielsweise pro Jahr mit 500 000 ℳ gegen Haftpflicht aus Tumulten versichert ist, und in einem Jahr die Schäden, die sie zu bezahlen hat, 1 Million betragen, so wird sie ihre Versicherungssumme von 500 000 ℳ zweckmäßigerweise nicht auf die Hälfte der gesamten angefallenen Schäden verrechnen, sondern sie wird sie auf die gesamten Schäden derart verteilen, daß mit der Versicherungssumme zunächst die Teile der sämtlichen Schäden weggefertigt werden, bezüglich deren die Gemeinde keinen Ersatz vom Reiche und vom Land beanspruchen kann.

§ 18.

Die Reichsregierung erläßt mit Zustimmung des Reichsrats die Bestimmungen zur Ausführung dieses

Gesetzes. Soweit dies nicht geschieht, können die Bestimmungen von den Landeszentralbehörden erlassen werden.

Für die Fälle, in welchen zu dem für die Anmeldung des Schadens maßgebenden Zeitpunkt Ausschüsse noch nicht gebildet sind, treffen die Ausführungsbestimmungen Anordnung, bei welcher Behörde die Anmeldung zu erfolgen hat.[1]

Die im § 6 Abs. 2 Satz 1 bezeichnete Frist beginnt in den Fällen der §§ 13 und 14 mit dem Inkrafttreten des Gesetzes.[2]

1. Vgl. hiezu die VO. vom 19. Mai 1920 zur Ausführung des Gesetzes über die durch innere Unruhen verursachten Schäden (RGBl. S. 897), welche folgenden Wortlaut hat:

„Auf Grund des § 18 des Gesetzes über die durch innere Unruhen verursachten Schäden vom 12. Mai 1920 (Reichsgesetzblatt S. 941) wird von der Reichsregierung mit Zustimmung des Reichsrats folgendes verordnet:

§ 1.

Die Landeszentralbehörden bestimmen die Behörden, bei denen die Anmeldung von Schäden im Sinne des § 18 des Gesetzes über die durch innere Unruhen verursachten Schäden vom 12. März 1920 zu erfolgen hat.

§ 2.

Die Verordnung tritt mit dem Tage der Verkündung in Kraft.

Berlin, den 19. Mai 1920.

Der Reichsminister des Innern

Koch."

Gemäß dieser Verordnung haben die bayerischen Staatsministerien der Justiz und des Innern mit einer Bekanntmachung vom 27. Mai 1920 (Bayer. Staatsanzeiger 1920 Nr. 128) bestimmt, daß bis zur Bildung der im Reichsgesetz vorgesehenen Ausschüsse die Schäden bei den Bezirksverwaltungsbehörden (unmittelbare Stadträte und Bezirksämter) anzumelden sind.

2. Bei der Veröffentlichung des Gesetzes im Reichsgesetzblatt Nr. 106 sind in Absatz 3 des § 18 versehentlich statt der §§ 13 und 14 die diesen §§ entsprechenden § 13a und 13b des Gesetzentwurfes zitiert.

§ 19.

Dieses Gesetz tritt mit dem Tage der Verkündung in Kraft.[1]

1. Das ist der 14. Mai 1920.

Anhang zu A.

Verordnung, betreffend das Verfahren zur Feststellung der Entschädigungen auf Grund des Gesetzes über die durch innere Unruhen verursachten Schäden.

Vom 15. September 1920.

Auf Grund des § 6 des Gesetzes über die durch innere Unruhen verursachten Schäden vom 12. Mai 1920 (RGBl. S. 941) wird von der Reichsregierung mit Zustimmung des Reichsrats folgendes verordnet:

I. Entscheidende Behörden:

§ 1. Entscheidende Behörden sind die Ausschüsse und das Reichswirtschaftsgericht.

Die Ausschüsse führen die Bezeichnung „Ausschüsse zur Feststellung von Entschädigungen für Aufruhrschäden".

§ 2. Die Landeszentralbehörden bestimmen den Sitz der Ausschüsse und deren Bezirke.

§ 3. Die Ausschüsse bestehen aus je sieben Mitgliedern, einschließlich des Vorsitzenden und der gleichen Zahl von stellvertretenden Mitgliedern.

§ 4. In den Ausschüssen sollen Landwirtschaft, Handel und Gewerbe, Handwerk und Arbeiterschaft, sowie die freien Berufe durch Berufsangehörige oder frühere Berufsangehörige vertreten sein.

Die Mitglieder der Ausschüsse werden von den Landeszentralbehörden ernannt.

§ 5. Zur Beschlußfähigkeit der Ausschüsse ist einschließlich des Vorsitzenden oder seines Vertreters die Teilnahme von fünf Mitgliedern erforderlich.

§ 6. Die Beschlüsse der Ausschüsse werden nach Stimmenmehrheit gefaßt. Bei Stimmengleichheit entscheidet die Stimme des Vorsitzenden.

§ 7. Die Mitglieder der Ausschüsse werden, sofern sie nicht als Reichs- oder Landesbeamte vereidigt sind, vor der erstmaligen Ausübung ihres Amtes von dem Vorsitzenden durch Handschlag an Eides Statt zu treuer und gewissenhafter Führung ihres Amtes verpflichtet.

§ 8. Ein Mitglied eines Ausschusses ist von der Ausübung seines Amtes ausgeschlossen

1. in eigener Sache;
2. wenn es Ehegatte des Antragstellers oder eines Antragsberechtigten ist oder gewesen ist, oder, wenn es mit dem Antragsteller oder einem Antragsberechtigten in gerader Linie verwandt, verschwägert oder durch Annahme an Kindes Statt verbunden, in der Seitenlinie bis zum dritten Grade verwandt oder bis zum zweiten Grade verschwägert ist, auch wenn die Ehe, durch welche die Schwägerschaft begründet ist, nicht mehr besteht;
3. in Sachen, in denen es als Bevollmächtigter des Antragstellers oder eines Antragsberechtigten bestellt oder als Vertreter eines solchen aufzutreten berechtigt ist oder gewesen ist.

§ 9. Örtlich zuständig ist für die Feststellung von Beschädigungen an Grundstücken nebst Zubehör der Ausschuß, in dessen Bezirk das Grundstück belegen ist, für die Feststellung von Beschädigungen an Gegenständen des Hausrats oder Inventars der Ausschuß, in dessen Bezirk der Hausstand oder Betrieb zur Zeit des schädigenden Ereignisses belegen war. Der hiernach zuständige Ausschuß ist auch für die Feststellung von Beschädigungen an allen anderen Gegenständen desselben Geschädigten zuständig.

In Ermangelung einer anderen Zuständigkeit ist der Ausschuß zuständig, in dessen Bezirk das schädigende Ereignis eingetreten ist.

§ 10. Erachtet der Vorsitzende den angegangenen Ausschuß für unzuständig, so soll er die Sache dem zuständigen Ausschuß überweisen.

Sind nach § 9 mehrere Ausschüsse zuständig, oder wird die Zuständigkeit von den Vorsitzenden mehrerer Ausschüsse in Anspruch genommen, so entscheidet der Präsident des Reichswirtschaftsgerichts. Das gleiche gilt, wenn die Vorsitzenden mehrerer Ausschüsse, von denen einer zuständig ist, ihren Ausschuß für unzuständig halten.

§ 11. Die Entscheidungen des Reichswirtschaftsgerichts werden durch erweiterte Senate getroffen.

Beträgt nach dem Ermessen des Vorsitzenden der Wert des Streitgegenstandes nicht mehr als 10 000 ℳ, so entscheidet der Senat in der Besetzung von einem Vorsitzenden und zwei sachverständigen Beisitzern.

II. Verfahren.

1. Verfahren vor den Ausschüssen.

§ 12. Das Verfahren zu betreiben, liegt den Ausschüssen ob.

§ 13. Jeder Antragsberechtigte kann sich in jeder Lage des Verfahrens diesem durch schriftliche Erklärung anschließen.

§ 14. Der Antragsberechtigte kann sich in jeder Lage des Verfahrens eines mit schriftlicher Vollmacht versehenen Vertreters bedienen.

Der Vorsitzende kann Vertreter oder Beistände, die, ohne Rechtsanwälte zu sein, die Vertretung oder Beistandschaft geschäftsmäßig betreiben, zurückweisen.

Vorsteher öffentlichrechtlicher Verbände, die als solche legitimiert sind, bedürfen zur Vertretung ihrer Körperschaften einer besonderen Vollmacht nicht.

§ 15. Über jede Verhandlung ist eine Niederschrift aufzunehmen. Sie soll Ort und Tag der Verhandlung und die Namen der bei der Verhandlung mitwirkenden Personen, sowie das Ergebnis der Verhandlung, insbesondere einer etwaigen Beweisaufnahme, enthalten.

Die Niederschrift soll den Beteiligten, soweit sie diese betrifft, zur Genehmigung vorgelesen oder zur Durchsicht vorgelegt werden. Die Genehmigung der Niederschrift oder der Grund, weshalb sie verweigert ist, soll in der Niederschrift angegeben werden.

Die Niederschrift ist vom Verhandlungsleiter und Schriftführer zu unterschreiben.

§ 16. Die Gerichts- und Verwaltungsbehörden haben innerhalb ihrer Zuständigkeit dem Ersuchen des Ausschusses oder seines Vorsitzenden um Rechtshilfe zu entsprechen, soweit nicht besondere gesetzliche Bestimmungen entgegenstehen.

Der Ausschuß und sein Vorsitzender dürfen das am Sitze des Ausschusses befindliche Amtsgericht um die Herbeiführung von Vernehmungen und Augenscheinseinnahmen nicht ersuchen.

§ 17. Für die Bewirkung der erforderlichen Zustellungen hat der Vorsitzende zu sorgen.

Zustellungen, die eine Frist in Lauf setzen, können durch eingeschriebenen Brief geschehen. Die Zustellung gilt mit dem Tage nach der Aufgabe zur Post als bewirkt, es sei denn, daß der Zustellungsempfänger nachweist, daß ihm das zuzustellende Schriftstück nicht innerhalb drei Tagen nach der Aufgabe zugegangen ist.

Wer nicht im Inland wohnt, hat einen inländischen Zustellungsbevollmächtigten zu benennen. Solange der Zustellungsbevollmächtigte nicht benannt ist, kann die Zustellung durch zweiwöchigen Aushang in den Geschäftsräumen des Ausschusses ersetzt werden.

Das gleiche gilt, wenn der Aufenthalt des Zustellungsempfängers unbekannt ist.

Die Zustellung an die im § 7 des Gesetzes bezeichneten Stellen kann durch Vorlegung der Urschrift des zuzustellenden Schriftstücks erfolgen. Der Tag der Vorlegung ist von den bezeichneten Stellen zu bescheinigen. Die Bescheinigung kann durch Vermerk auf der Urschrift erfolgen.

§ 18. Der Antragsberechtigte, der ohne sein Verschulden verhindert worden ist, eine Frist einzuhalten, deren Versäumung rechtliche Nachteile zur Folge hat, kann Wiedereinsetzung in den vorigen Stand schriftlich bei dem Ausschuß beantragen, dem die Entscheidung über die versäumte Verfahrenshandlung zusteht.

Der Antrag muß enthalten:

1. die Angabe der die Wiedereinsetzung begründenden Tatsachen,
2. die Angabe der Mittel für deren Glaubhaftmachung,
3. die Nachholung der versäumten Verfahrenshandlung.

Die Wiedereinsetzung muß innerhalb zwei Wochen nach dem Tage beantragt werden, an dem das Hindernis gehoben ist.

Auf die Entscheidung über die Zulässigkeit des Antrags und auf die Anfechtung der Entscheidung finden die Vorschriften Anwendung, die in diesen Beziehungen für die nachgeholte Verfahrenshandlung gelten.

Eine Wiedereinsetzung in den vorigen Stand gegen die Versäumnis einer Frist im Wiedereinsetzungsverfahren findet nicht statt.

§ 19. Die Verfahrenssprache ist deutsch.

Die Vorschriften des § 187 des Gerichtsverfassungsgesetzes finden entsprechende Anwendung.

§ 20. Dem Antragsteller und den im § 7 des Gesetzes bezeichneten Stellen ist auf Verlangen vom Inhalt der im Verfahren entstehenden Akten durch Vorlegung zur Einsichtnahme Kenntnis zu geben.

Der Vorsitzende kann die Akteneinsicht aus besonderen Gründen versagen oder beschränken.

§ 21. Der Vorsitzende kann von dem Antragsteller zur Begründung seines Antrags die erforderlichen Aufklärungen verlangen.

§ 22. Der Vorsitzende kann Ermittelungen über den Sachverhalt anstellen, Beweiserhebungen und das persönliche Erscheinen des Betroffenen oder Antragstellers anordnen. Hierbei finden die §§ 30 bis 37 entsprechende Anwendung.

§ 23. Der Vorsitzende überweist die Sache dem Ausschuß zur Beschlußfassung oder zur mündlichen Verhandlung.

Der Vorsitzende hat Termin zur mündlichen Verhandlung vor dem Ausschuß anzuordnen, wenn eine der im § 7 des Gesetzes bezeichneten Stellen oder der Antragsteller es verlangen.

§ 24. Nach Bedarf kann der Ausschuß mündliche Verhandlungen in der geschädigten Ortschaft abhalten. Hierbei sollen möglichst alle Aufruhrschäden der Bewohner gemeinsam erörtert werden. Der Ausschuß kann auch eines seiner Mitglieder mit den Verhandlungen beauftragen.

§ 25. Der Vorsitzende kann vor dem Ausschuß anberaumte Termine verlegen. Die Vertagung einer begonnenen mündlichen Verhandlung bedarf des Beschlusses des Ausschusses.

§ 26. Die mündliche Verhandlung findet in nichtöffentlicher Sitzung statt.

Sie beginnt mit dem Vortrag des Vorsitzenden oder des Berichterstatters. Hierauf sind der Antragsteller und die im § 7 des Gesetzes bezeichneten Stellen zum Worte zuzulassen.

§ 27. Der Vorsitzende hat erforderlichenfalls durch Fragen an den Antragsteller auf die Klärung des Sachverhalts hinzuwirken. Er hat dies jedem anderen Ausschußmitglied und den im § 7 des Gesetzes bezeichneten Stellen zu gestatten; unsachgemäße Fragen kann der Ausschuß zurückweisen.

§ 28. Ist mündliche Verhandlung nicht angeordnet, so entscheidet der Ausschuß, nachdem den im § 7 des

Gesetzes bezeichneten Stellen Gelegenheit zur Äußerung gegeben ist.

§ 29. Der Ausschuß konn nach seinem Ermessen eine Beweisaufnahme und jederzeit das persönliche Erscheinen des Betroffenen oder Antragstellers anordnen.

§ 30. Der Ausschuß kann mit der Beweiserhebung eines seiner Mitglieder beauftragen oder gemäß § 16 eine andere Behörde um sie ersuchen.

§ 31. Der Ausschuß kann die Augenscheinseinnahme beschließen, Zeugen und Sachverständige auch eidlich vernehmen und schriftliche Gutachten erfordern, sowie vom Betroffenen zur Einsicht und Prüfung die Vorlegung seiner Wirtschaftsbücher oder anderer Unterlagen verlangen, die über bestimmte, für die Abschätzung erhebliche Tatsachen Aufschluß geben können.

§ 32. Vom Beweisaufnahmetermine sind die im § 7 des Gesetzes bezeichneten Stellen und der Antragsteller zu benachrichtigen. Ihnen ist gestattet, der Beweisaufnahme beizuwohnen.

§ 33. Auf die Beeidigung der Zeugen und Sachverständigen finden die §§ 392, 410 der Zivilprozeßordnung Anwendung.

Sie soll dann erfolgen, wenn eine der im § 7 des Gesetzes bezeichneten Stellen oder der Antragsteller sie beantragen oder die Beeidigung zur Herbeiführung einer wahrheitsgemäßen Aussage erforderlich erscheint.

Die Beeidigung darf nur durch den Vorsitzenden oder ein sonstiges Mitglied des Ausschusses oder ein ersuchtes Gericht erfolgen.

§ 34. Auf die Verpflichtung, sich als Zeuge oder Sachverständiger vernehmen zu lassen, sowie auf die im Falle des Ungehorsams zu verhängenden Strafen finden die Bestimmungen der Zivilprozeßordnung entsprechende Anwendung.

Die hierbei zu treffenden Entscheidungen erläßt der Vorsitzende.

Gegen die Entscheidung findet binnen zwei Wochen die Beschwerde an den Präsidenten des Reichswirtschaftsgerichts statt.

§ 35. Den im § 7 des Gesetzes bezeichneten Stellen und dem Antragsteller ist auf Verlangen zu gestatten, an die Zeugen und Sachverständigen unmittelbar Fragen zu richten.

Unsachgemäße Fragen kann der Ausschuß zurückweisen.

§ 36. Die Zeugen und Sachverständigen erhalten, soweit sie nicht an demselben Termin als Antragsberechtigte beteiligt sind, Gebühren gemäß der Gebührenordnung für Zeugen und Sachverständige (RGBl. 1898 S. 689; 1914 S. 214; 1919 S. 1473; 1920 S. 1068).

§ 37. Soweit für die Angaben des Antragstellers andere genügende Beweismittel nicht beigebracht werden können, kann der Ausschuß die eidesstattliche Versicherung der Richtigkeit seiner Angaben von ihm verlangen.

§ 38. Der Ausschuß hat nach seiner freien, aus dem Inbegriffe der Verhandlungen und Beweise geschöpften Überzeugung zu entscheiden.

Teilbescheide sind zulässig.

§ 39. Bei der Abstimmung des Ausschusses stellt der Vorsitzende die Fragen und sammelt die Stimmen. Bilden sich in bezug auf Summen, über die zu entscheiden ist, mehr als zwei Meinungen, deren keine die Mehrheit für sich hat, so werden die für die größte Summe abgegebenen Stimmen den für die zunächst geringere abgegebenen so lange hinzugerechnet, bis sich eine Mehrheit ergibt.

§ 40. Der Bescheid des Ausschusses enthält die Bezeichnung des Ausschusses und die Namen der Ausschußmitglieder, die bei der Entscheidung mitgewirkt haben, sowie des Antragstellers.

Der Bescheid ist zu begründen und von dem Vorsitzenden und zwei Mitgliedern zu unterschreiben.

Die Ausfertigung ist mit dem Stempel des Ausschusses zu versehen und soll die Belehrung über das zulässige Rechtsmittel enthalten.

§ 41. Beruht der Bescheid oder ein Teil von ihm auf einem öffentlichen Versehen, so ist dieses auf Antrag oder von Amts wegen zu berichtigen. Der Antrag und die Berichtigung sind an keine Frist gebunden. Gegen den Berichtigungsbescheid ist das gleiche Rechtsmittel zulässig, das gegen den ursprünglichen Bescheid gegeben war. Eine Anfechtung des einen Berichtigungsantrag ablehnenden Bescheids findet nicht statt.

2. Verfahren vor dem Reichswirtschaftsgerichte.

§ 42. Die Beschwerde gegen den Bescheid des Ausschusses wird schriftlich beim Reichswirtschaftsgericht oder dem Ausschuß eingelegt.

§ 43. Auf das Verfahren vor dem Reichswirtschaftsgerichte finden unbeschadet der Vorschriften des Gesetzes und der nachfolgenden Bestimmungen die allgemeinen für das Verfahren vor dem Reichswirtschaftsgerichte geltenden Vorschriften Anwendung.

§ 44. Der Vorsitzende des Senats des Reichswirtschaftsgerichts kann dem Beschwerdeführer zur schriftlichen Rechtfertigung seiner Beschwerde eine Frist von mindestens zwei Wochen bestimmen. Die Frist kann auf Antrag verlängert werden.

Ist die Beschwerde nicht form- oder fristgerecht eingelegt, oder eine gemäß Abs. 1 gesetzte Frist versäumt, so ist die Beschwerde als unzulässig zu verwerfen.

§ 45. Die Entscheidung des Ausschusses kann nur insoweit abgeändert werden, als sie mit der Beschwerde angefochten ist.

§ 46. Insoweit die Beschwerde für begründet erachtet wird, hat das Reichswirtschaftsgericht in der Sache anderweitig zu entscheiden.

Leidet das Verfahren an einem wesentlichen Mangel, so kann das Reichswirtschaftsgericht den Bescheid des Ausschusses aufheben und die Sache zur nochmaligen Verhandlung und Entscheidung an diesen zurückverweisen.

Die rechtliche Beurteilung durch das Reichswirtschaftsgericht ist für das weitere Verfahren bindend.

III. Schlußvorschriften.

§ 47. Die Anmeldungsbehörden (§ 1 der Verordnung zur Ausführung des Gesetzes über die durch innere Unruhen verursachten Schäden vom 19. Mai 1920 — RGBl. S. 987 —) haben die bei ihnen eingegangenen Schadensanmeldungen an die zuständigen Ausschüsse abzugeben, sobald diese gebildet sind.

§ 48. Diese Vorschriften treten mit dem Tage der Verkündung in Kraft.

Berlin, den 15. September 1920.

Der Reichsminister des Innern

Koch.

B. Die wichtigsten Landestumultschädengesetze.

I. Preußen.

Gesetz, betreffend die Verpflichtung der Gemeinden zum Ersatz des bei öffentlichen Aufläufen verursachten Schadens.

Vom 11. März 1850 (GS. S. 199.)

§ 1. Finden bei einer Zusammenrottung oder einem Zusammenlaufe von Menschen durch offene Gewalt oder durch Anwendung der dagegen getroffenen gesetzlichen Maßregeln Beschädigungen des Eigentums oder Verletzungen von Personen statt, so haftet die Gemeinde, in deren Bezirk diese Handlungen geschehen sind, für den dadurch verursachten Schaden.

§ 2. Die im § 1 festgestellte Verantwortlichkeit tritt nicht ein, wenn die Beschädigung durch eine von außen her in den Gemeindebezirk eingedrungene Menschenmenge verursacht worden und in diesem Falle die Einwohner des letzteren zur Abwehr des Schadens erweislich außerstande gewesen sind.

§ 3. Im Falle des § 2 liegt die Entschädigungspflicht der Gemeinde oder den Gemeinden ob, auf deren Gebiet die Ansammlung oder von deren Bezirk aus der Überfall stattgehabt hat, es sei denn, daß auch diese Gemeinden erweislich nicht imstande gewesen wären, den verursachten Schaden zu verhindern.

Mehrere nach den vorstehenden Bestimmungen verpflichtete Gemeinden (§§ 1 und 3) haften dem Beschädigten gegenüber solidarisch.

§ 4. Hat in einer Gemeinde eine Beschädigung der im § 1 gedachten Art stattgefunden, so ist der Vorstand der Gemeinde berechtigt, und auf Ansuchen des Beschädigten verpflichtet, den angerichteten Schaden vorläufig zu ermitteln und festzustellen.

Bei dieser Ermittlung sind die Interessenten soweit als möglich zuzuziehen.

§ 5. Wer von der Gemeinde Schadenersatz fordern will, muß seine Forderung binnen 14 Tagen präklusivischer Frist, nachdem das Dasein des Schadens zu seiner Wissenschaft gelangt ist, bei dem Gemeindevorstande anmelden und binnen 4 Wochen präklusivischer Frist nach dem Tage, an welchem ihm der Bescheid des Gemeindevorstandes zugegangen ist, erforderlichenfalls gerichtlich geltend machen.

§ 6. Bezüglich der Entschädigungspflicht derjenigen Personen, welchen eine solche nach Maßgabe der besonderen Gesetze obliegt, wird durch vorstehende Bestimmungen nichts geändert. Der Gemeinde, welche ihrer Entschädigungspflicht Genüge geleistet hat, steht der Regreß an die für den Schaden nach allgemeinen Grundsätzen Verhafteten zu.

§ 7. Bis zum Erlaß eines allgemeinen Gesetzes über eine Gemeinde-, Bürger- oder Schutzwehr sind die Bezirksregierungen ermächtigt, auf den Antrag der Gemeinden die Errichtung eines bewaffneten Sicherheitsvereins anzuordnen.

II. Bayern.

1. Gesetz, die Verpflichtung des bei Aufläufen diesseits des Rheins verursachten Schadens betr.

(GBl. 1849/50 Nr. 10 S. 73.)

Maximilian II.
von Gottes Gnaden König von Bayern, Pfalzgraf bei Rhein, Herzog von Bayern, Franken und in Schwaben usw. usw.

Wir haben nach Vernehmung Unseres Staatsrates mit Beirat und Zustimmung der Kammer der Reichsräte und der Kammer der Abgeordneten beschlossen und verordnen, was folgt:

Art. 1. Jede politische Gemeinde, in deren Bezirk von einer zusammengerotteten bewaffneten oder unbewaffneten Menge oder von Einzelnen aus derselben mit offener Gewalt Verbrechen oder Vergehen gegen Personen oder das Eigentum verübt worden sind, ist verbunden, den dadurch verursachten Schaden zu ersetzen.

Für jenen Betrag des Schadens, welcher den Beschädigten aus Versicherungsanstalten ersetzt wird, haftet die Gemeinde weder den Beschädigten, noch der treffenden Anstalt.

Art. 2. Der erste Absatz des vorstehenden Artikels findet keine Anwendung:

1. wenn die zusammengerottete Menge überwiegend aus Personen besteht, die aus einer andern Gemeinde gekommen sind, und die Einwohner der Gemeinde, in welcher die Gewalttätigkeit begangen wurde, außerstande waren, die Beschädigung zu hindern, oder

2. wenn die zusammengerottete Menge überwiegend aus nicht beurlaubten Soldaten besteht.

Die Pflicht des Schadenersatzes geht in letzterem Falle auf den Staat über; im ersteren Falle sind die Gemeinden oder die Gemeinde, aus deren Mitte die Teilnehmer an der Zusammenrottung gekommen sind, zur Schadloshaltung verbunden.

Art. 3. Die Distriktspolizeibehörden sind verpflichtet, sobald sie von einer in ihrem Distrikte vorgefallenen Beschädigung der im Art. 1 und 2 bezeichneten Art Kenntnis erhalten, sich unverzüglich an Ort und Stelle zu begeben, und unter Beiziehung von Sachverständigen die Größe des Schadens und die Umstände, unter welchen die Beschädigung stattfand, zu erheben, und die darüber aufgenommenen Verhandlungen an das zuständige Gericht zu übersenden.

Art. 4. Die haftbare Gemeinde kann mit dem Beschädigten eine gütliche Übereinkunft schließen, und zwar:

1. in Gemeinden mit magistratischer Verfassung durch den Magistrat mit Zustimmung der Gemeindebevollmächtigten;
2. in Landgemeinden durch den Gemeindeausschuß in Gemäßheit eines zustimmenden Beschlusses der Gemeindeversammlung.

In Ermangelung eines solchen Übereinkommens entscheidet über die Verbindlichkeit zur Entschädigung und die Größe derselben das Kreis- und Stadtgericht, in dessen strafrechtlichem Bezirke das Verbrechen oder Vergehen verübt wurde.

Art. 5, 6, 7 (enthalten rein prozessuale Vorschriften, die bedeutungslos geworden sind).

Art. 8. Wenn eine Gemeinde sich durch Übereinkunft zum Schadenersatze verpflichtet hat oder zu solchem Ersatze rechtskräftig verurteilt ist, so hat die derselben vorgesetzte Verwaltungsbehörde den Vollzug zu betreiben.

Zu diesem Zwecke wird ihr von dem Gerichte I. Instanz eine Abschrift des Urteils zugefertigt.

Art. 9. Zur Deckung der für den Schadenersatz und die Kosten erforderlichen Mittel soll eine Umlage auf die Gesamtheit der Steuerpflichtigen in der Gemeinde nach Maßgabe der vereinigten direkten Steuern erhoben werden.

Art. 10. Die Verteilung der Umlage auf die einzelnen Beitragspflichtigen geschieht in Gemeinden mit magistratischer Verfassung durch den Magistrat unter Zustimmung der Gemeindebevollmächtigten, in Landgemeinden durch den Gemeindeausschuß mit Genehmigung der Gemeindeversammlung.

Wenn die Verteilung binnen dreißig Tagen nicht erfolgt ist, so wird dieselbe durch die vorgesetzte Verwaltungsbehörde unverzüglich auf Kosten des Säumigen festgestellt.

Art. 11. Die nach Art. 10 gefaßten Beschlüsse über die Verteilung der Umlage sind durch Anschlag am Gemeindehause bekannt zu machen und sogleich vollziehbar. Gegen dieselben eingelegte Beschwerden schieben den Vollzug nicht auf.

Art. 12. Die zwangsweise Beitreibung der Umlage geschieht nach den über Beitreibung der Gemeindeumlagen geltenden gesetzlichen Bestimmungen.

Art. 13. Auf Antrag der im Art. 10 Abs. 1 bezeichneten Organe der ersatzpflichtigen Gemeinde kann die vorgesetzte Verwaltungsstelle die vorschußweise Bezahlung der Entschädigung aus dem Gemeindevermögen gestatten und für den Rückersatz durch Umlage (Art. 9) eine Frist bewilligen, welche jedoch in keinem Falle die Dauer von zwei Jahren überschreiten darf.

Art. 14. Die Gemeinde, sowie im Falle des Art. 2 der Staat, haben das Recht, den für Schadenersatz gemachten Aufwand von den Anstiftern des Schadens und von den Teilnehmern an der Zusammenrottung, sowie von denjenigen, welche mit Verletzung ihrer Dienstpflicht die Maßregeln unterließen, durch welche die Beschädigung gehindert werden konnte, zurückzufordern.

Bei Zahlungsunfähigkeit dieser letzteren Personen, insoferne sie im Staats- oder Militärdienst stehen, hat die Staatskassa die Zahlungsverpflichtung den Gemeinden gegenüber zu übernehmen.

Die Gemeindebehörde ist verpflichtet, diesen Regreß geltend zu machen.

Eine bei dem ersten Verfahren (Art. 6) eingelegte Streitverkündung ist hiezu nicht erforderlich.

Art. 15. Die Bestimmungen des Art. 4—7 einschl. des gegenwärtigen Gesetzes sind bei Entschädigungsklagen gegen den Staat in entsprechende Anwendung zu bringen.

Art. 16. Gegenwärtiges Gesetz tritt in den Kreisen diesseits des Rheins mit dem Tage der Bekanntmachung durch das Gesetzblatt in Wirksamkeit.

Unsere Staatsminister der Justiz und des Innern sind mit dem Vollzuge beauftragt.

Gegeben München, den 12. März 1850.

Max.

von der Pfordten. v. Kleinschrod.
Dr. v. Aschenbrenner. Dr. v. Ringelmann.
v. Lüder. v. Zwehl.

Nach dem Befehle Seiner Majestät des Königs:
Der geheime Sekretär des Staatsrates:
Rat Seb. v. Kobell.

2. Gesetz zur Änderung des Ausführungsgesetzes zur Zivilprozeßordnung und Konkursordnung.

Der Landtag des Freistaates Bayern hat folgendes Gesetz beschlossen:

Art. 1: In Art. 11 Abs. 1 des Gesetzes vom 23. Februar 1879 zur Ausführung der Reichszivilprozeßordnung und Konkursordnung in der Fassung der Bekanntmachung vom 26. Juni 1899 („Gesetz- und Verordnungsblatt" Seite 401) wird die Frist für die Erhebung von Ansprüchen aus der Haftung des Staates oder der Gemeinden für den bei Zusammenrottungen verursachten Schaden, soweit die Ansprüche in der Zeit seit dem 1. November 1918 entstanden sind, mit rückwirkender Kraft auf drei Jahre verlängert.

Art. 2: Dieses Gesetz wird als dringend im Sinne des § 77 Abs. 1 der Verfassung bezeichnet und tritt mit seiner Verkündung in Kraft.

München, den 26. März 1920.

Im Namen des Landtags:

Königbauer, Präsident.

Das Gesamtministerium:

Dr. v. Kahr. Dr. Ernst Müller. Matt.
Wutzlhofer. Oswald. Frauendorfer.
J. V.: Dr. v. Meinel. J. V.: Dr. v. Deybeck.

III. Württemberg.

Auszug aus dem Gesetz vom 28. August 1849 betreffend das Verfahren bei dem Aufgebot der bewaffneten Macht gegen Zusammenrottungen und Aufruhr, sowie die Haftverbindlichkeit der Gemeinden für infolge von Zusammenrottungen und Aufruhr entstandenen Schaden.

Art. 1. Wenn die Obrigkeit durch zusammengerottete Haufen mit Gewalt gehindert wird, die in gesetzmäßiger Form erlassenen Verfügungen und Anordnungen der zuständigen Behörden zu vollstrecken, oder die öffentliche Ruhe und Sicherheit aufrecht zu erhalten, und die den Polizeibehörden zu Gebot stehenden Mittel (wozu in Garnisonsorten auch die gewöhnlichen Sicherheitswachen zu rechnen sind) zur Überwindung der Gewalt nicht zureichen, ferner wenn die Einwohner einer Ortschaft oder mehrerer Ortschaften der Vollziehung des Gesetzes Trotz bieten und die Unfähigkeit der Ortsobrigkeit zur Herstellung eines gesetzlichen Zustandes aus ihren eigenen Erklärungen oder aus den Tatumständen sich ergibt, ist das Einschreiten der bewaffneten Macht zum Zweck der Bezwingung der dem Gesetze entgegengestellten Gewalt begründet.

Art. 13. Wenn sich zusammengerottete Personen mit offener Gewalt an Personen oder Eigentum in einer Weise vergreifen, daß nach der Vorschrift des Art. 1 die Beiziehung der bewaffneten Macht begründet ist, so hat, vorbehaltlich der Bestimmungen des Art. 16 Satz 2, die Gemeinde, in deren Polizeibezirk die Rechtsverletzungen geschehen, für den dadurch herbeigeführten Schaden zu haften.

Art. 14. Die Gemeinde bringt den Aufwand für Schadenersatz (Art. 13), sowie für die Kosten des zum Schutz der Gesetze abgesendeten Militärs (Art. 12) durch eine Umlage auf alle Staatsbürger auf, welche zur Zeit der entstandenen Unruhen in dem Polizeibezirke der Gemeinde wohnen, und zwar nach dem Verhältnis der direkten ordentlichen und außerordentlichen Staatssteuer, welche der Einzelne bezahlt.

Art. 15. Die Gemeinde hat das Recht und die Verpflichtung, den für Schadenersatz und für die Kosten des abgesendeten Militärs gemachten Aufwand von den Beschädigern, den Teilnehmern an der Zusammenrottung und dem Aufruhre, sowie von denjenigen, welche mit Verletzung ihrer Dienstpflicht durch grobe Nachlässigkeit die Maßregeln unterlassen haben, die dem Ausbruch der Verbrechen zuvorkommen oder den eingetretenen Erfolg hindern konnten, zurückzufordern.

Soweit dieser Regreß Erfolg hat, ist der durch den Rückgriff auf die Schuldigen ganz oder teilweise wieder ersetzte Betrag des Schadens verhältnismäßig den Steuerpflichtigen, von welchen er durch Umlage erhoben worden war, zurückzuerstatten, und zwar sollen, wenn nicht voller Ersatz geleistet wird, in erster Linie daraus diejenigen unter sich nach Verhältnis der von ihnen geleisteten Zahlung entschädigt werden, welche ihre völlige Schuldlosigkeit zu erweisen vermögen.

Art. 16. Wenn die Unruhestifter und die Urheber und Gehilfen bei Beschädigungen der Mehrzahl nach nicht in der Gemeinde, in welcher die Unordnungen und Verbrechen verübt wurden, wohnen, und die Einwohner dieser Gemeinde außerstand waren, die Verbrechen und Vergehen zu verhindern, so hat die Gemeinde keine Verbindlichkeit zum Ersatze des gestifteten Schadens und der durch die Herbeiziehung von Militär veranlaßten Kosten.

Dagegen sind die Einwohner derjenigen Gemeinde oder Gemeinden, aus deren Mitte diejenigen kamen, welche die Verbrechen in einer anderen Gemeinde verübten, zum Schadensersatze verpflichtet, wenn sie aus der Beschaffenheit der Umstände die verbrecherische Absicht ihrer Angehörigen zu erkennen vermochten.

Art. 17. Über die Verbindlichkeit der Gemeinden zur Bezahlung der Kosten der zum Schutz der Gesetze aufgebotenen bewaffneten Macht (Art. 12), zum Schadenersatz an die Beschädigten (Art. 13), den Rückgriff der Gemeinde an andere Personen (Art. 15) und die Austeilung der durch den Rückgriff erhaltenen Summen (Art. 15), sowie über den Fall des Art. 16 entscheiden im Streitfalle die Gerichte, wogegen Anstände über die Umlage der zu bezahlenden Summen, betreffen sie Beitragspflichtigkeit überhaupt oder die Größe des Beitrags, im Verwaltungswege erledigt werden.

IV. Baden.

Badisches Gesetz, die Entschädigungspflicht der Gemeindeangehörigen wegen der bei Zusammenrottungen verübten Verbrechen betreffend

vom 13. Februar 1851.

§ 1. Die Gesamtheit der Bewohner einer Gemeinde (§ 2 der Gemeindeordnung), in deren Bezirk von einer größeren zusammengerotteten Menge, oder von einer bewaffneten oder unbewaffneten Vereinigung mehrerer mit offener Gewalt Verbrechen gegen Personen oder das Eigentum verübt werden, ist verbunden, den dadurch verursachten Schaden zu ersetzen.

Für jenen Betrag des Schadens, welcher den Beschädigten aus Versicherungsanstalten ersetzt wird, haftet die Gesamtheit der Bewohner einer Gemeinde weder den Beschädigten noch der betreffenden Anstalt.

§ 2. Haben die Bewohner mehrerer Gemeinden zur Verübung solcher Verbrechen sich zusammengerottet, so sind die sämtlichen Bewohner aller dieser Gemeinden zum Schadenersatz verpflichtet. Jedoch wird bei der Verteilung des Schadens unter die einzelnen Gemeinden auf das Maß der Beteiligung ihrer Angehörigen Rücksicht genommen.

§ 3. Waren die Täter, welche die Verbrechen verübten, nicht Bewohner der Gemeinde, in deren Bezirk dieselben begangen wurden, sondern kamen sie aus anderen Gemeinden, und waren die Bewohner der Gemeinde, in deren Bezirk das Verbrechen verübt wurde, außerstande, die Verbrechen zu hindern, so trifft sie keine Verpflichtung zum Schadensersatze.

Hätte die Verübung des Verbrechens verhindert werden können, so haften die Bewohner der Gemeinde, in deren Bezirk das Verbrechen verübt wurde, mit denen der anderen Gemeinden, welche nach §§ 2 und 4 verantwortlich sind, gemeinschaftlich.

§ 4. Die Bewohner derjenigen Gemeinde, aus deren Mitte diejenigen kamen, welche die Verbrechen in einer anderen Gemeinde verübten, sind zum Schadenersatze nur dann verpflichtet, wenn diejenigen, welche die Verbrechen verübten, in einer so großen Zahl und auf eine solche Weise sich aus der Gemeinde entfernten, daß die Bewohner der Gemeinde bei gehöriger Aufmerksamkeit (Landrechtssatz 1150 a—c) vorhersehen konnten, daß die Entfernung in verbrecherischer Absicht geschehe.

§ 5. Wenn die zusammengerottete Menge, welche die Beschädigung verübte, überwiegend aus nicht beurlaubten Soldaten bestand, so geht die Verpflichtung zum Schadenersatz auf den Staat über.

§ 6. Diejenigen, welche durch Verbrechen der im § 1 bezeichneten Art Schaden gelitten haben, sind berechtigt, nach Maßgabe der §§ 1—5 die Vergütung desselben von der Gesamtheit der Bewohner einer Gemeinde, beziehungsweise vom Staat zu fordern.

Das Klagerecht erlischt mit Ablauf eines Jahres.

In bezug auf die Begründung der Entschädigungspflicht und die Rücksichten, nach welchen der Schadenersatz zu beurteilen ist, entscheiden die Vorschriften des Gesetzes vom 6. März 1845 über die privatrechtlichen Folgen von Verbrechen.

§ 7. Aufgehoben durch EG. z. RJG. § 145 Ziff. 9.

§ 8. Über die Verbindlichkeit zur Entschädigung und die Größe derselben, sowie über die Verteilung unter die einzelnen Gemeinden (§ 2) entscheiden die Gerichte.

§ 9. Der einer Gemeinde zugewiesene Schadenersatz wird aus der Gemeindekasse bezahlt, und von dieser zum Teil nach Köpfen, zum Teil nach dem Steuerkapital umgelegt.

Wieviel auf die eine oder andere Art aufgebracht werden, und wie die Verteilung der Umlagen geschehen soll, wird nach Anhörung des Gemeinderats, Bürgerausschusses und eines von den nicht gemeinde-bürgerlichen Bewohnern des Orts zu wählenden Ausschusses von den Verwaltungsbehörden entschieden.

§ 10. In dem nach §§ 7 und 8 eintretenden Verfahren vertritt der betreffende Gemeinderat die in Anspruch genommene Gesamtheit der Bewohner der Gemeinde.

§ 11. Diejenigen Bürger und Bewohner der Gemeinde, welche Entschädigung bezahlten und keinen Anteil an dem verübten Verbrechen als Täter, Anstifter oder Gehilfen nahmen, und, im Falle des § 5, die Staatskasse haben ihren Rückgriff gegen die Urheber, Anstifter und Teilnehmer an den verübten Verbrechen und gegen diejenigen, welche mit Verletzung ihrer Amtspflicht durch grobe Fahrlässigkeit die Maßregeln unterließen, welche dem Ausbruch der Verbrechen zuvorkommen oder den eintretenden Erfolg hindern konnten. Sie können im Rechtsstreit vom Gemeinderat auf Kosten der Gemeindekasse vertreten werden. Lehnt der Gemeinderat dies ab, so können sie unter sich zur gemeinschaftlichen Führung des Rechtsstreites auf ihre Kosten einen Ausschuß bestellen.

V. Hessen.

Gesetz, die Verantwortlichkeit der Gemeinden für Verletzungen und Beschädigungen infolge von Zusammenrottungen betr.

vom 3. März 1859 unter Berücksichtigung der in Art. 275 des hessischen Ausführungsgesetzes zum BGB. getroffenen Änderungen.

Art. 1. Diejenige Gemeinde, in deren Gemarkung durch eine zusammengerottete Menge mit offener Gewalt Verbrechen oder Vergehen gegen Personen oder das Privateigentum verübt worden sind, ist verbunden, den dadurch entstandenen Schaden zu ersetzen, wenn sie nicht alle ihr zu Gebote stehenden Maßregeln ergriffen hatte, um die strafbaren Handlungen zu verhindern.

Art. 2. Ist die in dem vorgehenden Artikel bezeichnete Beschädigung durch eine aus mehreren Gemeinden zusammengerottete Menge verübt worden, so sind diese Gemeinden mit Einschluß derjenigen, in deren Gemarkung die Zusammenrottung stattgefunden hatte, sämtlich zum Schadenersatze so verpflichtet, als wenn sie eine Gemeinde bildeten.

Jedoch ist die Gemeinde, aus deren Mitte diejenigen kamen, welche die Beschädigungen in einer andern Gemarkung verübten, sowie die Gemeinde, in deren Gemarkung die Zusammenrottung stattgefunden hat, zur Leistung des Schadenersatzes oder zur Teilnahme hieran nur dann verpflichtet, wenn diejenigen, welche die Verbrechen verübten, in einer so großen Zahl oder überhaupt unter solchen Umständen aus ihrer Gemeinde sich entfernten, daß die Einwohner der letzteren bei gehöriger Aufmerksamkeit vorhersehen konnten, die Entfernung geschehe in verbrecherischer Absicht, und die betreffende Gemeinde nicht nachzuweisen vermag, daß sie alle ihr zu Gebot stehenden Mittel angewendet habe, um jenes, d. h. die Entfernung bzw. Zusammenrottung zu verhindern.

Art. 3. Für denjenigen Betrag des Schadens, welcher den Beschädigten aus Versicherungsanstalten ersetzt wird, haftet die Gemeinde weder den Beschädigten, noch der betreffenden Anstalt.

Art. 4. Sobald die Polizeiverwaltungsbehörde von einer in ihrem Bezirk vorgefallenen Beschädigung der in den vorhergehenden Artikeln bezeichneten Art Kenntnis erhält, hat sie alsbald die Umstände, unter welchen die Zusammenrottung und Beschädigung stattgefunden, sowie die Verletzungen und Beschädigungen und die Größe der zu leistenden Entschädigung zu ermitteln und auf Grund dieser Aufnahmen den Versuch einer gütlichen Übereinkunft über die zu leistende Entschädigung zwischen den haftbaren Gemeinden und den Beschädigten zu machen.

Art. 5. In Ermangelung einer gütlichen Übereinkunft haben über die Verbindlichkeit der Gemeinden zur Leistung der Entschädigung und über die Größe derselben die Gerichte auf Klage der Beschädigten zu erkennen.

Art. 6. Der auf Grund dieses Gesetzes gegen die beteiligten Gemeinden bestehende Anspruch auf Schadenersatz erlischt, wenn nicht innerhalb eines Jahres nach dem Tage, an welchem dem Beschädigten das Mißlingen der versuchten Übereinkunft amtlich bekannt gemacht worden ist, die Klage erhoben wird.

Die Vorschriften der §§ 203, 206, 207 des Bürgerlichen Gesetzbuches finden entsprechende Anwendung.

Art. 7. Aufgehoben.

Art. 8. Sobald die Verbindlichkeit zum Schadenersatz und der Betrag der zu leistenden Entschädigung vermöge abgeschlossener Übereinkunft oder rechtskräftiger gerichtlicher Entscheidung feststeht, ist von der Verwaltungsbehörde der Vollzug der Entschädigungsleistung in der Art zu bewirken, daß der Betrag der festgesetzten Entschädigungssumme durch Umlage zur einen Hälfte nach Köpfen der volljährigen männlichen Einwohner, zur andern Hälfte auf das Gesamtsteuerkapital der Einwohner verteilt wird.

Die Beitreibung dieses Ausschlags erfolgt nach den über Einbringung der Gemeindeumlagen bestehenden Vorschriften.

Uneinbringliche Beträge zu diesem Ausschlage werden nach dem festgesetzten Verteilungsfuße auf die beitragspflichtigen zahlungsfähigen Einwohner verteilt, insofern sie nicht von dem Gemeinderat unter Zustimmung der Regierungsbehörde auf die Gemeindekasse übernommen werden.

Art. 9. Mit Zustimmung des Gemeinderats kann von den vorgesetzten Regierungsbehörden die vorschußweise Bezahlung der festgesetzten Entschädigung, vorbehaltlich des Rückersatzes auf dem in dem vorhergehenden Artikel bezeichneten Wege, aus der Gemeindekasse verfügt werden.

Art. 10. Die Gemeinde kann den Ersatz der vorschußweise aus der Gemeindekasse bezahlten sowie die durch Umlagen von ihren nicht ersatzpflichtigen Einwohnern erhobenen Entschädigungsbeträge von denjenigen, welche nach allgemeinen Grundsätzen für den Schaden verhaftet sind, insbesondere von den Anstiftern des Schadens und den Teilnehmern an der Zusammenrottung, verlangen. Der ersetzte Betrag ist den Einwohnern nach dem Verhältnisse der nach dem Art. 8 von ihnen erhobenen Umlagen zu erstatten. Auf Antrag eines beteiligten Einwohners kann die Gemeinde zur gerichtlichen Durchführung dieses Anspruchs von der Aufsichtsbehörde angehalten werden.

Falls die Gemeinde den ihr zustehenden Ersatzanspruch nicht geltend macht, können die einzelnen Einwohner von den im Abs. 1 bezeichneten Personen den Ersatz der von ihnen bezahlten Entschädigungsbeträge fordern.

Zur Geltendmachung dieser Ersatzansprüche ist es nicht erforderlich, daß bei der durch Vergleich oder Urteil erfolgten Feststellung des Schadenersatzes die Ersatzpflichtigen zur Mitwirkung aufgefordert worden waren.

War die Höhe der Entschädigung auf Grund der Klage der Beschädigten durch rechtskräftiges Urteil festgestellt, so ist der festgestellte Betrag für den Ersatzanspruch maßgebend.

Der Gegenbeweis gegen die Richtigkeit der urteilsmäßigen Feststellung ist ausgeschlossen.

Art. 11. Die Verordnung vom 4. September 1819, Angriffe gegen Israeliten betr., und die in Rheinhessen geltenden Bestimmungen des Gesetzes vom 10. Vendemiaire IV sind aufgehoben.

Sachregister.

(Die Zahlen bedeuten die Seiten).

Kolibri 360 GmbH
Ferdinand-Jühlke-Straße 7
99095 Erfurt, Deutschland
produktsicherheit@kolibri360.de